常熟非物质文化遗产名录图典

常熟市文化广电新闻出版局 编

中国·苏州
古吴轩出版社

图书在版编目（CIP）数据

常熟非物质文化遗产名录图典 / 常熟市文化广电新闻出版局编. — 苏州 : 古吴轩出版社, 2017.11
ISBN 978-7-5546-1066-4

Ⅰ. ①常… Ⅱ. ①常… Ⅲ. ①非物质文化遗产—常熟市—名录 Ⅳ. ① G127.533-62

中国版本图书馆 CIP 数据核字（2017）第 311746 号

责任编辑： 俞　都
见习编辑： 吕丽静
责任校对： 徐小良　黄菲菲
装帧设计： 常熟市艺风广告

书　　名： 常熟非物质文化遗产名录图典
编　　者： 常熟市文化广电新闻出版局
出版发行： 古吴轩出版社
地址：苏州市十梓街 458 号　　邮编：215006
Http：//www.guwuxuancbs.com　　E-mail：gwxcbs@126.com
电话：0512-65233679　　传真：0512-65220750
出 版 人： 钱经纬
印　　刷： 无锡市证券印刷有限公司
开　　本： 880×1230　1/8
印　　张： 29
版　　次： 2017 年 11 月第 1 版　第 1 次印刷
书　　号： ISBN 978-7-5546-1066-4
定　　价： 220.00 元

前言

非物质文化遗产是人类口传心授、世代相传的无形的、活态流变的文化遗产，它鲜活地扎根、生存于民间，是人类创造力、想象力、智慧和劳动的结晶，是人类文化多样性的生动展示。

常熟是国家历史文化名城，是吴文化的重要发祥地之一，她三千多年的文明发展历程不仅给我们留下了众多的历史遗存，也留下了极为丰富的非物质文化遗产。和物质文化遗产一样，这些非物质文化遗产都是常熟人民长期以来创造积累的重要文化财富，其精神性、智慧性的形态方式和活态传承的独特韵味，不仅见证着吴地文明的千年沧桑，凸现出江南文化的精髓，也表现出常熟人民约定俗成的行为方式与生活习惯。在时空环境不断变化的社会发展过程中，保护和利用好这些非物质文化遗产，对于弘扬传统文化、培育民族精神、推动社会可持续发展和实现中国梦，具有十分重要的意义。

2007年，我市在普查试点成功的基础上，组织开展了全市性地毯式普查。此项工作历时10个月，400多名工作人员参与其中，访谈对象达1000余人，500多位民间艺人接受了采访，内容涉及民间文学、传统美术、传统技艺、民俗等10个类别217个项目。2008年，根据上级部门提出的“不漏一个村落（社区），不少一个类别，不丢一个项目”的工作要求，我市又组织开展了全市第二阶段非物质文化遗产普查。此项工作历时3个月，发动市、镇、村300多位普查员参与，经筛选、审核、归并、调整后正式确认可调查线索1067条，项目758项，其中具有较高文化、历史、科学价值的重点项目近200项，约占总项目数的26.4%。项目内容包含民间文学、传统音乐、传统舞蹈、传统戏剧、曲艺、传统美术、传统手工技艺、传统医药、传统体育·游艺与杂技、民俗10大门类51小类，基本呈现了常熟非物质文化遗产的面貌。

我们应该看到，随着全球经济一体化和社会现代化进程的不断加快，相当数量的非物质文化的表现形式和文化空间面临传承和发展的挑战，有的甚至濒临灭绝之境。“十二五”以来，在上级文化部门的关心指导下，我市的非物质文化遗产保护工作取得了显著成效。紧紧围绕文化强市建设目标，以传承人为核心，以名录为重点，通过建立健全各项机制，开展名录申报、传承人认定，加强场馆基地建设，加快活态传承和整理出版工作，加大成果宣传展示等一系列措施，使一大批弥足珍贵、充满个性和魅力的非物质文化遗产得到了保护、传承和弘扬。目前，我市已拥有常熟市级以上名录100项，其中国家级名录2项、江苏省级名录20项、苏州市级名录35项，数量居苏州各县市首位。在公布的42位常熟市级代表性传承人中，有国家级传承人1人、江苏省级传承人9人、苏州市级传承人31人。这些数据是对常熟非物质文化遗产保护工作的一个阶段性总结，也是我市非物质文化遗产保护工作取得显著成绩的一个重要标志。我市非物质文化遗产的保护工作，由此也进入整体性的全面保护阶段。

为进一步提高全社会对非物质文化遗产的认识，充分展示我市非物质文化遗产丰富多样、异彩纷呈的面貌，全面展示我市非物质文化遗产保护工作的丰硕成果，进一步推动我市非物质文化遗产的传承发展，我局历时一年多组织编纂了《常熟非物质文化遗产名录图典》，这是我市非物质文化遗产保护工作，特别是四级名录体系（国家、江苏省、苏州市、常熟市）建设工作阶段性成果的全面呈现。该书以约6万文字、500余幅图片，客观、系统地介绍了我市国家、江苏省、苏州市及常熟市级非物质文化遗产项目的传承区域、历史渊源、表现形态、文化价值以及濒危状况，是迄今为止我市第一本完整系统介绍常熟非物质文化遗产的典籍，兼具学术性、知识性和文献性。

让我们共同努力，让更多的人分享非物质文化遗产丰富的资源，守护好我们共同的精神家园，为建设精致城市，谱写中国梦的常熟篇章做出应有的贡献！

常熟市文化广电新闻出版局

2017年11月

目录

苏州市级项目

常熟市级项目

国家级项目

The Dictionary of Intangible Cultural Heritage

保閒堂

古琴艺术 · 虞山琴派

国家级／传统音乐
保护单位：常熟市虞山琴派艺术工作室

常熟别称琴川，三千多年来与古琴有着很深的渊源。从春秋言子的弦歌之治到明末虞山琴派的诞生，再至今日古琴之乡的命名，古琴在常熟代代相传，生生不息，已成为常熟文化的象征和标志性元素。

明末，虞山琴派创始人严天池（1547—1625），综百家之长，集历代琴学之大成，完美地融合儒家的中和之音和道家的大音希声，逐渐形成了“清微淡远”的琴曲风格。其主持编写的《松弦馆琴谱》是清代《四库全书》所收的唯一的明代琴谱，被琴界誉为“古音正宗”。稍后，虞山琴派的另一位代表人物徐青山（约 1582—1662）在严天池“清微淡远”的风格基础上加以突破和创新，使虞山琴派又具有了“博大和平”的特质，编著有《大还阁琴谱》和《溪山琴况》。

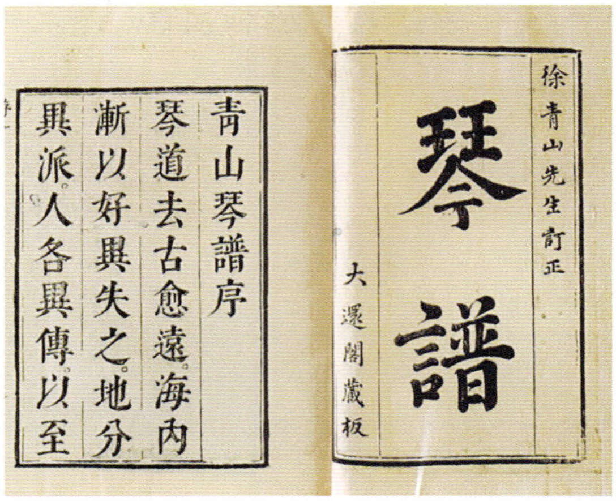

虞山琴派从此成为中国第一个有代表人物、代表琴谱、理论纲领和地域特色的琴派。从严天池到徐青山，他们在琴学理论上的建树，相得益彰，为虞山琴派在琴界赢得了“黜俗归雅，为中流砥柱”的一代琴宗之誉，也为虞山琴派形成并独领琴坛数百年奠定了坚实而宽广的基础。

虞山琴派自诞生起，就代表了当时文人最高审美理念和准则的演奏。“三百年来琴重虞山”，它直接影响了广陵琴派、诸城琴派的产生和发展，影响了日本古琴的流行和发展，影响了现当代今虞琴社的产生和发展。之后，当代虞山琴派古琴大师吴景略（1907—1987）以其承先启后的努力，把虞山琴派再度推进了一个颇具特色的历史阶段。当今活跃在中国琴坛的教授、知名古琴家，许多出自他的门下或与他结下不解之缘。

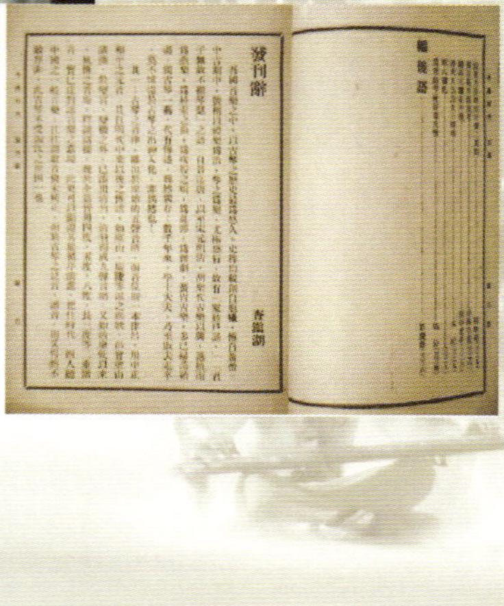

在常熟，虞山琴派在市委、市政府高度重视下，在社会各界广泛支持和参与下，得到了持续、深入的保护和发展。1984 年，常熟恢复成立虞山琴社；1997 年，常熟成立中国首家少儿古琴社——虞山派少儿古琴社；2004 年，常熟建立虞山琴派艺术工作室；2005 年，常熟市人民政府在全国重点文物保护单位——明代著名藏书楼脉望馆建立常熟古琴艺术馆，该馆集展示、演出、培训、研究、交流等功能于一体，是物质和非物质完美结合的活态保护机构。

进入 21 世纪，常熟已先后成功举办全国第四届古琴打谱暨国际琴学研讨会（2001）、纪念严天池逝世 380 周年国际名家研讨交流活动（2005）、中国和奥地利特种邮票“古琴与钢琴”常熟首发式(2006)、首届中国古琴艺术节(2007)、中国古琴流派传人常熟展示周（2008）、第二届

中国古琴艺术节（2009）、中国古琴学会新年音乐会（2010）、第三届中国古琴艺术节（2011）、第四届中国古琴艺术节（2013）、第五届中国古琴艺术节（2015）、第六届中国古琴艺术节（2017）等古琴大型展示、演出活动，这些活动不仅持续地扩大了虞山琴派的影响力和知名度，也为历史文化名城常熟增添了光彩和活力。

近年来，虞山琴派先后入选国家、省、市各级非物质文化遗产代表作名录；常熟也被文化部命名为“中国古琴之乡”，被联合国国际民间艺术节组织命名为“亚太地区古琴之乡”，被联合国教科文组织命名为“世界非遗——古琴艺术重要保护地区”，被中国艺术研究院·中国非物质文化遗产保护中心命名为“中国古琴江南保护基地”。

吴歌·白茆山歌

国家级/民间文学
保护单位：古里镇文化站

古里镇位于常熟市东部，是著名的中国历史文化名镇和中国民间文化艺术之乡。流传于古里镇的白茆山歌，至今已有上千年的历史，是吴地民歌中的杰出代表，其内容、形式、曲调在整个吴地民歌中独具特色、魅力无穷。

白茆山歌内容丰富，涉及劳动、时政、地名、节令、历史传说等；曲调多样，有大山歌调、小山歌调、三句头调、四句头调、吭吭调、春调、三邀三环调、划龙船调、搭凉棚调等 20 多种；歌词句式活泼多变，灵活自如；修辞上大量运用比喻、排比等，生动形象；语言上为吴歌正统，大量运用方言以及谚语、歇后语，并穿插历史和戏曲典故，具有浓郁的江南气息。

白茆塘水孕育了一方土地的灵气，滋养了当地热爱山歌的百姓，培育出了一代又一代杰出的歌者和一组组群体式的山歌演唱队伍。从远古到今天，白茆山歌产生了一系列具有独特艺术感染力的代表作，如《一把芝麻撒上天》《俏情郎》《隔河杨树着根青》《告吾唱歌就唱歌》《白茆塘上好风光》《鹞子鹞子向南飞》《喊日子》《起妆谣》等。

白茆山歌会是白茆山歌在传承发展中最具地域特色和影响力的民俗活动，遐迩闻名。山歌会最早形成于何时，目前已难有定论。从当代老歌手回忆的前辈口述中，至少在晚清时期，山歌会已在白茆颇为风行。明代中叶本邑诗人沈海留下的一首《四野农歌》中这么述说："烟雨冥蒙昼景昏，农歌四野竞纷纷。东村群唱西村和，南陇余音北陇闻。"大概是指白茆山歌会唱和的盛况。

通过当代歌手的讲述，我们可以对以往的白茆山歌会做如下的描述：在宽阔的白茆塘畔，成群的歌手们摇着木船聚集起来，靠着河的两岸自然分成两个阵营，忘情地对歌。南乡和北乡都试图用生动有趣的即兴山歌压过对方。河道完全被听众塞满了，根本不能行船。人们各自带着灯火，汇成一片通明。比试山歌，实际上也有效地传播了山歌，不论胜负，都会激发人们做好下一次山歌会的邀约。白茆山歌会经历了各个历史发展时期，每一个时期的山歌会也都深深地烙下过特定年代的烙印。我们可以把白茆山歌会总结为：有一个约定俗成的时间，每年的田稻丰收在望时；有一个固定不变的场所，奔流不息的白茆塘两岸；有两支基本上实力相当的山歌队伍；有坚强有力的组织者；有成千上万群众的参与。

千百年来，白茆山歌会一直是当地老百姓们最重要的狂欢仪式。改革开放以来，当地政府精心培植、倾力弘扬，使白茆山歌生机日盛、声名日远。1995 年，全国首家山歌馆在白茆正式建立； 2002 年，当地政府成功举办首届白茆山歌艺术节，同时出版发行《中国·白茆山歌集》。白茆山歌至今已十六次进北京城，二进中南海，并且二出国门，代表中国民间艺术进行展示演出和学术交流，得到了各级领导和专家、学者的广泛赞誉。2000 年，古里镇因山歌被文化部命名为“中国民间艺术之乡”（首批）。2006 年，白茆山歌被公布列入首批国家级非物质文化遗产代表作名录。

常熟非物质文化遗产名录图典

江苏省级项目

The Dictionary of Intangible Cultural Heritage

◎宝卷·吴地宝卷

江苏省级/民间文学

保护单位：常熟市图书馆

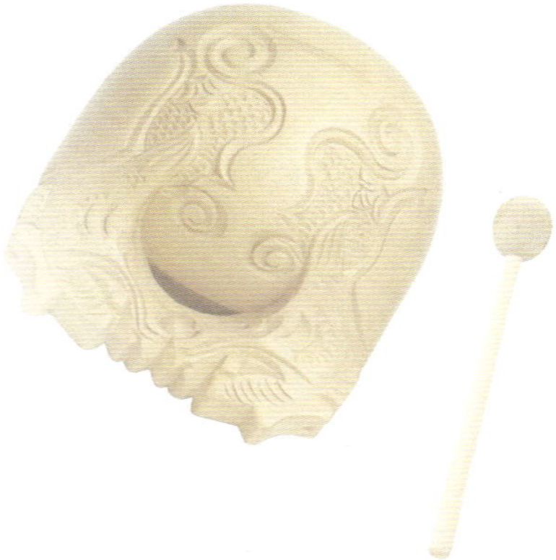

宝卷是由唐代寺院中的“俗讲”“变文”演变而来的一种民间说唱文本，具有口头文学特征。宝卷是用来宣讲的，宣讲宝卷在常熟叫作“宣卷”，亦称为“讲经”“说宣卷”。广义来说，宝卷是一种民间说唱文学形式；狭义来说，宝卷是民间说唱使用的脚本。

宝卷兴于宋代，盛于清末，流传至今。宝卷在南方影响力很大，南方又以吴地为盛，而吴地尤以常熟最具特色、内涵和影响。据 2001 年出版的《上海文化艺术志》介绍，近代上海宣卷也由常熟传入。

同其他地方的宝卷一样，常熟宝卷是佛、道二教倡导制度下的产物。讲时用“白”，即散文；唱时用“偈”，即韵文；并在讲唱时使用木鱼、气怕（佛尺）、醒子等器具，作为宣传佛、道教义和劝人为善的手段，故名“木鱼宝卷”，独具艺术魅力。

常熟宝卷活动过程是“先素后荤”，需依次完成择日、搭佛台、上香烛、请佛、开卷、退星、解结散花、送佛、结卷等步骤。常熟宝卷除信众请艺人到家里宣讲外，还在社庙宣讲，有公众斋事、佛神诞日等。

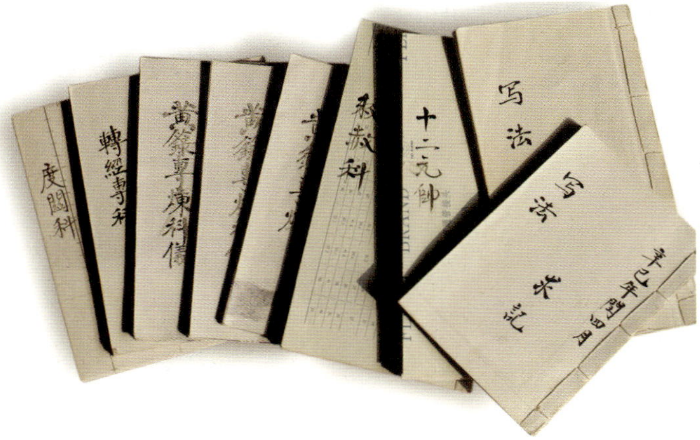

常熟宝卷内容丰富、种类齐全，其中典型的当数尚湖宝卷、白茆宝卷和沙家浜宝卷，此三种是常熟宝卷的中心所在。现常熟除拥有全国通行的宝卷外，还拥有独具鲜明地方特色的宝卷，如《孝子周镕卷》《褚太尉卷》等。这些宝卷对常熟历史上的名人及其传说记载很详

细，且使用方言体系，极具地方文献价值和特色。

随着社会的进步，常熟宝卷的内容也在不断丰富，如保护妇女儿童的《碧霞元君报君宝卷》、守护交通安全的《路神宝卷》、盛赞基本建设发展迅猛的《鲁班宝卷》等。这些宝卷的产生，充分体现了常熟宝卷锐意进取的创新精神和“以人为本”的人文理念。

2007 年，我国著名宝卷专家车锡伦来常熟考察，在尚湖宝卷和沙家浜宝卷中发现了许多失传宝卷。2013 年，常熟全面启动宝卷保护工程，征集到 400 多种 1000 多册宝卷，特别是科仪卷比较齐全，这在全国也是首屈一指。2016 年，常熟公开出版《中国常熟宝卷》，全面、真实地呈现了常熟宝卷卷本数量之多、内涵之丰，展示了常熟宝卷的鲜明特色。常熟宝卷的作用和地位也逐渐得到了国内外众多专家、学者的广泛认同，成为中国宝卷领域的新亮点。

◎ 吴歌·石湾山歌

江苏省级 / 民间文学
保护单位：沙家浜镇文化站

沙家浜镇原石湾村（今新湖村）位于长江三角洲的腹地，境内河港交叉、湖泊成群，是典型的水网地带，为吴文化传播极早、极深的地区之一。南宋以后广泛种植水稻，稻作文化孕育了古朴雅韵的石湾山歌。石湾山歌在唐市石湾、市泽潭一带广为流传，清代人著的地方志书中有大量关于唐市船歌的记载，如倪赐纂《唐市志》、龚文洵纂《唐市补志》中均有记载。

石湾山歌源于农耕时代，是农耕文化的产物，在历史的长河里，给了农民精神上的慰藉，也是他们辛苦劳作时的自娱形式。石湾山歌“充满了曼丽宛曲的情调，清辞俊语，连翩不绝，令人‘情灵摇荡’”（郑振铎《中国俗文学史》）。它既有吴歌的共性，又有作为吴歌组成部分个体的独特个性。它是吴歌的杰出代表，内容、形式、曲调在吴歌中堪称一绝，具有重要的历史、文化、艺术价值。

石湾山歌类型多样，有引歌、盘歌、劳动歌、仪式歌、情歌、生活歌等；曲调也很丰富，有四句头小山歌调，有三邀三环的大山歌调，还有划龙船调、号子调、吭吭调、夯夯调等 30 余种；反映生活内容非常广泛，涉及方方面面，有民风民俗、劳动生产、人情世故、婚丧嫁娶……极具生活气息。

石湾山歌作为吴歌的重要一脉，沿袭了吴歌的诸多特征。如“吴格”即谐音双关、四句头山歌中多衬字。除有上述共同的吴歌特征外，石湾山歌还具有自身特征。一是劳动歌较多，这与当地独特环境密不可分。二是方言语境的支持。常熟方言在唱词语言风格上表现出更加率真、质朴的语言个性，也使得石湾山歌的音乐格调最能体现出地方语言的特点。三是音乐形式短小精悍，没有固定的格律，大多以乐段为基本单位，由乐段反复而构成山歌的音乐材料和表现手法。音乐表现很生活化，形式灵活、生动，对各种不同的内容、唱词、演唱场合与条件有很强的适应能力，同时还蕴含了昆曲的曲韵。

石湾山歌口口相传，延续至当代，成为沙家浜地区独特的文化表现形式，是一种“活”的文化形态，为研究吴歌历史、稻作文化、江南民俗等提供了重要的史料依据。

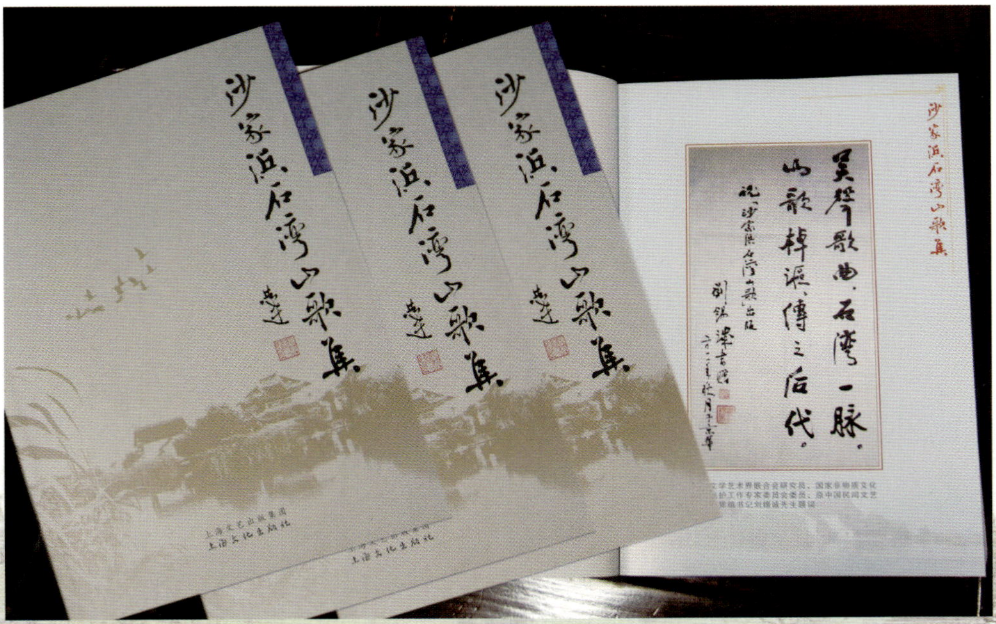

◎谜语·海虞谜语

江苏省级／民间文学

保护单位：董浜镇文化站

谜语是中华民族古老文化的瑰宝。常熟古称海虞，是中华谜语发轫地之一。南朝宋时，大文学家鲍照首创"字谜"。经过千年锤炼，由鲍照创制的海虞谜语从形式到内容不断充实和提高，逐渐形成了"精、新、巧、雅、正、趣、绝"的艺术特点，具有深刻的思想价值、认识价值、社会价值、民俗价值和娱乐价值，流布至今，对中华谜语产生了广泛而深远的影响。

海虞谜语浩如烟海，内容广泛，格式多样，但总体可划分为民间谜语与灯谜两大类。民间谜语俗称"猜枚枚子"，以通俗易懂的口语化语言来表达、传播，具有浓郁的生活气息，广泛存在于市井乡村。灯谜也叫"文义谜"，是经历代文人加工创新，在上层社会和文人中流传的谜语，主要以书面形式传播。海虞谜语的谜格主要有徐妃、卷帘、秋千、求凰、白头等几十种，猜射方法主要有会意法、象形法等。

明清以来，中华谜坛海虞名家辈出，盛事联翩。吴中才子常熟人徐祯卿首制画文相济之画谜，别开生面；东南文宗钱谦益开灯谜入诗词先河；两朝帝师翁同龢所射谜底，风流天成；小说家曾朴用灯谜手法著《孽海花》。民国时期，谜语大家徐枕亚发起成立常熟历史上第一个谜语团体“琴心文虎社”，由他创制的谜语及结集出版的《琴心文虎》，在东南亚谜界广为流传，至今余馨不绝。

当今，董浜徐市灯谜作为海虞谜语的主体部分，生机勃发。2000 年，董浜镇建立中国第一家乡镇灯谜艺术馆——徐市灯谜艺术馆；徐市灯谜协会、徐市中学（今董浜中学）智林谜社、职教中心春来谜社等专业社团相继开办，造就了一批猜谜、制谜的能手。《银海谜谭》《谜花飘香》《春来谜苑》等谜刊也相继开办，其中《谜花飘香》连续六年入选全国“十佳谜刊”，荣获“功勋谜刊”称号，在中华谜坛发挥了积极的作用。2008 年，董浜镇被文化部命名为“中国民间文化艺术（灯谜）之乡”。

十番音乐·辛庄十番音乐

江苏省级／传统音乐
保护单位：辛庄镇文化站

辛庄镇是常熟的南大门，南与苏州市相城区接壤，西与无锡锡山区紧邻，地理位置十分重要。

“堂名”是历史上流行于苏南与浙北一带的一种民间演出班社，是一种乐班的组织名称，也是民间艺人在普及昆曲中形成的一种坐唱形式。其以清唱戏文和演奏民间器乐曲为主要内容和特色。在岁月长河里，它与昆曲互相滋养和渗透，既具古典戏剧的古朴典雅，又开通俗演唱先河，具有丰富的历史价值和深厚的艺术魅力。

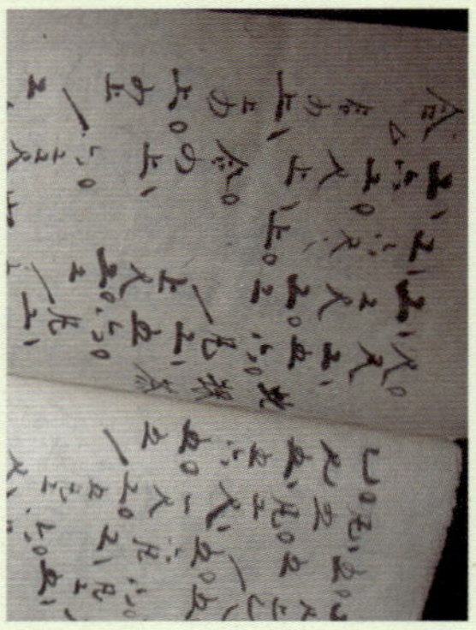

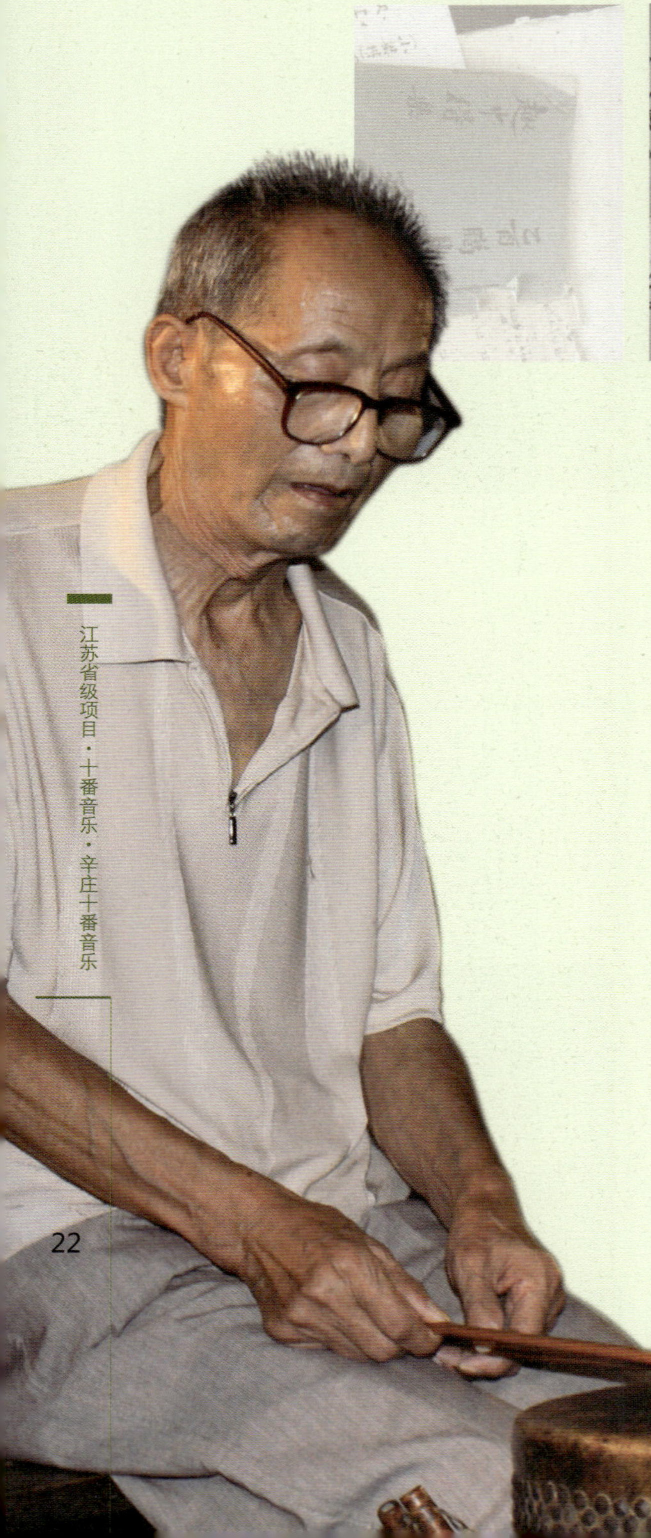

辛庄地区“堂名”的形成和发展状况基本与整个苏州地区“堂名”的状况相同。据辛庄“堂名”老艺人回忆，辛庄“堂名”兴盛于清末、民国时期，当时境内有春和堂、宣和堂、福和堂、中和堂、鸿福堂、绣和堂、合绣堂等，活动范围在苏州（指苏州市区）、常熟、昆山、太仓等地区，其服务对象为婚嫁、做寿、乔迁、待神、开张、挂牌以及民间节日、庙会等活动，战争年代也未停歇。辛庄春和堂更是一个知名品牌，一度在常熟城内县南街湖园茶馆方厅挂牌，影响广泛，至今余馨不绝，被人乐道。1949 年后，辛庄“堂名”班社绝大部分停业，艺人中技艺较高者被各级专业艺术团体吸收。而大多数艺人则改行，成为业余文艺宣传队队员，参加城乡文艺宣传及其他群众性演出活动。

辛庄“堂名”每个堂有8位成员，不收女性，但也不限于童子，大体是强强联手的成年民间艺人组织。“堂名”器乐共计30多种，每个组成人员都要是拿得起好几种乐器的多面手。其主要演奏乐器有打击乐器类：大堂鼓，大锣，大、小齐钹，双磬，大、小木鱼，绰板，等等；管乐器类：长招军，号筒，大、小唢呐，笙，等等；弦乐器类：二胡、板胡、小三弦、琵琶等。代表作品有《将军令》《一枝花》《万花灯》《大如意》《小如意》《香袋》《十八拍》《寿亭侯》《普天乐》等。

辛庄“堂名”除演奏之外，还要扮演角色、演唱戏文，这对每个成员又多了一重嗓音发声方面的要求。演唱曲目有《天官赐福》《长生殿·定情》《满床笏·卸甲封王》《上寿》《牡丹亭》《琵琶记·坠马》《孽海记·思凡》等。

随着时代推移和现代化社会的发展，辛庄“堂名”盛况不再，原汁原味的“堂名音乐”濒临绝境，目前活跃于辛庄的“堂名”老艺人更是寥寥无几。所幸的是，当地政府十分重视这一优秀的民间传统艺术，正采取切实措施加以保护和传承。

◎花鼓·浒浦花鼓

江苏省级／传统舞蹈

保护单位：碧溪新区文化站

浒浦港在南北朝时期即为吴郡通江三十六浦之一，历代有驻兵屯戍。伴随着明清以来浒浦渔业的不断发展，与之有着密切关系的造船、修船业也同步兴旺起来。在当时浒浦最为著名的南、北二厂中，聚集着几百名手艺娴熟的木匠、泥匠和捻匠。这些匠人大多来自苏北盐城一带，工作闲暇之时，他们便会吆喝一声，聚集在船头岸边，唱着歌、鼓着掌，跳起一段段古老相传的舞蹈，表达对生活的憧憬。花鼓便是在这时随着他们踏浪跨江而来，融入了江南水乡百姓的生活之中。

20 世纪初，浒浦的船匠、渔民们以苏北花鼓为基础，结合当地的传统民俗舞蹈“龙灯舞”“跑灯舞”“麒麟舞”等，再加上浒浦自身的民间特色，创造出江南之柔美与苏北之豪放并存的浒浦花鼓。每逢当地“网帮”（即渔民帮）出航返港以及逢年过节、小儿满月等喜庆日子，浒浦花鼓必然成为庆典演出的重要内容。后经过浒浦木匠师傅唐如云夫妇和徐开明、徐贵银父子的传承与发展，浒浦花鼓基本确立了其独特的表演形态和风格，从而成为苏南民间舞的代表项目之一。

在演出内容上，花鼓唱词多以古代名人和传说故事为主，具有曲艺的说唱特点，所以又有“曲艺花鼓”的别称。它的表演形式较为自由，人数从3人到6人不等，扮演不同角色。在演出风格上，浒浦花鼓刚柔并济。花鼓的曲调旋律以江苏沿江一带的民歌为基调，并融入了江南水乡柔和、抒情的韵味。在舞蹈动作上，浒浦花鼓兼具江南之柔美和苏北之豪放，如其中的“百挑”一角大多高调快唱，动作潇洒灵活，表

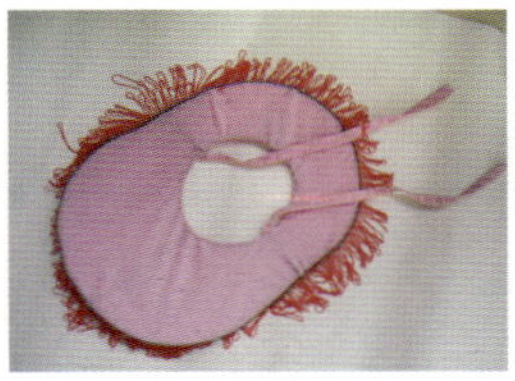

情夸张生动，莲湘打法自由，具有苏北民间歌舞泼辣幽默的特点；而“花鼓娘子”一角独有的“颤颠”的舞蹈动作则显示出明显的江南特色。在道具运用上，道具作用独特，尤其表现在花鼓的领舞者“花鼓大哥”所执的小锣上：一方面，小锣是其主要的舞蹈道具，敲锣、抛锣是整个花鼓表演的有机组成部分；另一方面，锣声节奏具有统领整个舞蹈节奏的功能，是演出中必不可少的。

浒浦花鼓经过一代代艺人的传承发展，吸收了很多相关艺术形式的资源和优点，尤其是保存了很多江南港口地区传统民间舞蹈的影子，在结构、动作、道具、唱词、曲调等方面均具特色，为研究江苏沿江一带的民间舞蹈提供了较为丰富的资源。

◎灯舞·常熟滚灯

江苏省级／传统舞蹈

保护单位：支塘镇文化站

常熟支塘滚灯是一门古老的带有杂耍性质的传统舞蹈绝技，起源于明代，相传为抗倭大将戚继光所创；自诞生至今，一直在常熟、昆山、太仓三地交界处盛行。

每年的农历正月、二月是农闲时节，民间常有庙会、灯会、夜会等活动，观者如云，常常堵塞道路。组织者就请滚灯来开道，既有艺术观赏性，又能解决道路阻塞的实际问题。平常没有庙会等节庆活动时，一些滚灯艺人便会在晒麦场等开阔地方锻炼、表演，吸引当地群众参与其中。群众既获得了身心的愉悦，又锻炼了身体，增强了体质。1960年编的《支塘小志》记载：“庙会若有滚灯，夜会必盛。”

参与支塘滚灯表演的人主要由当地拳师充任。滚灯内装有马铃，表演时能发出阵阵节奏明快、清脆悦耳的响声。如果再配上锣鼓，那气势就更加威武雄壮了。其表演主要有如下几个动作：

1. 白鹤下蛋：将硕大的滚灯置于地上，拳师排成一队，弯腰用手撑在滚动的滚灯上，依次跳过，状如白鹤下蛋。其动作与现在的跳马颇为相似，只是难度稍大，要求队员动作敏捷利索，稍有大意就会“出洋相”，不是坐在滚灯上就是跌跟头。

2. 上盘头：运足全身力气，并借以巧劲，单手将100多斤的滚灯举起，以头为圆心做圆圈般舞动。这个动作对队员体力与运动技巧要求较高，常常以将滚灯舞得最圆、舞动次数最多者为胜。能一口气连续做12个上盘头动作的，在民间就能被称作“高手”。

3. 缠腰五花：左右手交换着将滚灯在腰间舞动，令人眼花缭乱，甚是好看。

4. 霸王举鼎：将重达百斤的滚灯高高举过头顶，绕场而行，彰显男子汉“力拔山兮”的气概。

另外，还有如鲤鱼卷水草等难度相对较低的动作，一般只做垫场表演。

支塘滚灯既是一代代支塘及周边地区群众共同创造的宝贵财富，更是一种独具地方特色、乡土气息浓郁的“民间艺术体操”。但随着农耕文化逐渐式微，支塘滚灯也逐步淡出了人们的视野，濒临失传。近年来，当地政府高度重视滚灯技艺的传承和保护：2009年以来成立了支塘滚灯民间艺术团，设立了专项发展基金，大力培育和发展骨干并取得明显成效；创排、改编的滚灯节目先后在《乡村大世界》《江南叠秀·情迷蒋巷》等节目中播出亮相，为大家所瞩目。

◎ 虞山派篆刻艺术

江苏省级 / 传统美术
保护单位：虞山镇文化站

发轫于江苏常熟，形成于明末清初的虞山派篆刻艺术，是一项以虞山命名的全国性艺术。其渊源最早可追溯至元代的缪贞，其篆艺“得乎赵文敏公”（元代书画名家赵孟頫）所创的玉筋篆元朱文。明代虞山印人众多，其中以戈汕为最著。戈汕传承“元朱文印”，有印作“朝阳鸣凤”存世。

清初，代表人物有邑人沈和、王瑾、林皋，其中尤以林皋的成就最为杰出。其篆刻在继承“元朱文印”的基础上兼取徽派之长，不断发展提高，开创一代印风，形成虞山派，一时“两浙齐学林鹤田派”。同时代画家王石谷、恽寿平、马元驭、高士奇等用印均出其手。林皋自辑《宝砚斋印谱》。

近代，虞山印人赵石（号古泥）获吴昌硕亲授，深得其精髓。然赵石学吴而不为所囿，变吴昌硕之圆转为方折，使刀法更见生辣，印风凌厉。赵石还在各家印谱中，取其精华，突出“封泥”一路，独创“赵派”，被时人尊为新虞山派宗

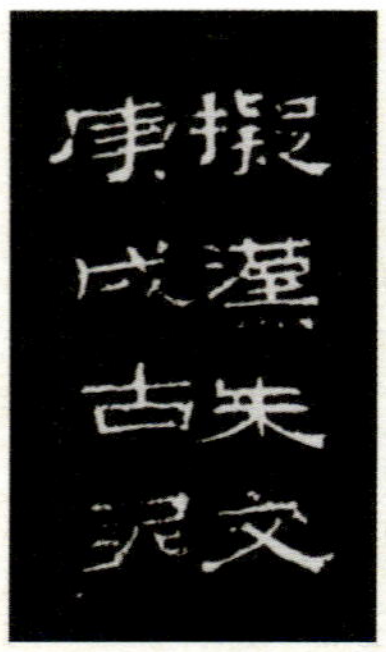

匠，一时从学者甚众。赵石平生治印万钮以上，著有《拜缶庐印存》四十卷、《泥道人诗草》二卷。赵石学生中最有成就者是上海的邓散木，得赵石真传，在篆法章法上有所发展。其作品平正者无一不揖让雍容，运巧者无一不神奇变幻。其当时与齐白石齐名，有“北齐南邓”之称。其所著《篆刻学》印刷多版，发行上万册，日本亦有译本。今上海有邓散木研究社，黑龙江哈尔滨有邓散木印社，均承袭虞山一脉。赵石女儿赵林亦为新虞山派篆刻名家，寓居沪上，享誉江浙沪地区。虞山印风不仅在中国大陆影响深远，还深刻影响到中国台湾、中国香港及日本。如日本出版的《篆刻字典》将赵石、邓散木篆刻印文辑录入册。日本东京堂于20世纪80年代出版《赵古泥印谱》《邓散木印谱》后，又于1993年出版《赵古泥赵林父女印谱》。台湾玄心印会、香港友声印社等也深受虞山印风影响。

原中共中央政治局常委李岚清先生对虞山派林皋、赵石、邓散木深有研究，曾专程来常熟举办个展和篆刻讲座，并题写汪道涵先生的名句“天下常熟，世上湖山”，成为中国印学界之美谈。

盆景技艺·苏派盆景

江苏省级／传统美术

保护单位：常熟市紫园盆景艺术有限公司

常熟是苏派盆景的发祥地之一，历史悠久，底蕴深厚。常熟传统规则式“六台三托一结顶”盆景在苏派盆景中独树一帜，享誉大江南北。作为苏派盆景的主流，常熟盆景发轫于元末明初，受“元四家”之首黄公望影响，明清时已具有“云林山树画意”的造诣。沈复在《浮生六记》中记述：在扬州商家见有虞山游客携送黄杨、翠柏盆景。

民国时期，常熟北门大街有景春、茂林、马家等六家专业作坊，栽培花木、制作盆景，以雀梅、黄杨、罗汉松、三角槭和榔榆为佳。其中许多盆景被上海、杭州等地植物园、盆景园所收藏，现成为历史文化艺术珍品。

常熟苏派盆景以树桩为主，选用树种多为常熟本地树木，其中松、柏、榆、杨较为常用。造型技法多采用“粗扎细剪”，其代表作造型特征主要体现为“六台三托一结顶”。常熟前辈盆景艺人从《易经》中的八卦图中获得灵感，制作时把树干弯成三个S形弯，在各弯的拐点上留六个枝扎片，即为六台；又在1台与2台、3台与4台、5台与6台之间背面留三个枝扎片，即为三托；S形顶端留枝扎成一片成为一结顶；在此基础上利用树木的自然形态、树桩特征再进行造型，使其灵活多变，

千姿百态。叶片修剪时以保持形态美观、自然流畅为原则，使叶片状若层云，重叠碧翠，疏繁不乱。

常熟苏派盆景无论从山石的选择，还是从树木的修剪、丛林的布局，都刻意求工、造型端正、结构细致、古趣横生，充分体现了苏派盆景端正典雅、古朴自然的艺术风格，体现了中华民族传统的崇尚温良恭让、端正大方的审美情趣。

近年来，常熟苏派盆景作品先后在国内各类盆景评比展览中获奖。如传统盆景《参天》获第五届中国盆景评比展览银奖，黄杨盆景获中国新沂盆景花卉艺术节金奖，《有志不在年高》获 2006 年中国“长寿杯”盆景精品大赛一等奖，等等。

常熟传统规则式“六台三托一结顶”盆景，在丈寸之间展现大自然之神韵，魅力无穷。当前，随着人们生活水平的日益提高，常熟苏派盆景艺术逐渐走进千家万户，在怡情养性、美化家园等方面发挥着积极的作用。

江南船拳

江苏省级／传统体育·游艺与杂技

保护单位：沙家浜镇文化站

沙家浜船拳是江南船拳的重要一脉，其形成与发展状况基本上与江南船拳相同。沙家浜地处江南腹地常熟东南隅，境内河道纵横交错，是典型的水网地带。船只在这里是人们生产以及出行代步的重要工具。沙家浜船拳就在这种独特的人文、自然环境中孕育而生、发展壮大，在苏南地区享有一定声誉。沙家浜船拳发端于吴越春秋，形成于明清并日趋成熟，代有传承。旧时，每逢立夏、端午、中秋佳节或庙会活动，沙家浜拳师们各自以村为单位组织起来，登上用双橹快船装饰而成的拳船，船桅上挂着自己村庄拳术团体的标旗，船舱两旁威武架上插着刀、枪、剑、戟等兵器，有条件的村还会邀请“堂名”艺人在舱中演奏音乐，齐往集镇那开阔的河面，在船头板上竞相献技。彼时，两岸观众人山人海，万目睽睽，欢声雷动。沙家浜船拳相沿成习，成为当地民众民俗活动中不可或缺的传统表演项目。

沙家浜船拳同江南船拳一样，仅在船头练武，这决定了它的招式不可能像其他武术套路那样，可以大面积施展拳脚；但它汲取其他拳种的基本招式之长，似南拳而非南拳，手法似出非出、似打非打，既稳又轻。同时习武之人由于是在船头练习、展演，身动船会晃，但又不能受船动的影响、约束，所以其武艺讲究轻巧稳健，效法水战，出招敏捷，收招迅速，以身为轴，原地转动；练功时注重步法，多练马步、三角步、拖步、马步转立步，以求步法稳健。因而，船拳具有强身、护体的功效，在中华武林中独树一帜。

沙家浜船拳使用的器具和拳术种类十分丰富，器具主要有关大刀、月牙铲、麒麟锤、双斧、杨家枪、双锏、少林棍、钩镰枪、石锁、石担、双刀、双节棍、九节鞭、板凳、双拐等，很多时候，渔叉、船桨是船拳师手中常用的兵器；拳术则有“小红拳”“岳家散手”“小金枪”“猴拳”“醉八仙”“梅花桩”等。

时代的发展、人们生产生活方式及价值观念的嬗变，使得学船拳之人越来越少，沙家浜船拳盛况不再。但当地政府十分重视这一优秀的传统项目，建立了沙家浜镇船拳协会，在沙家浜景区建立了船拳保护传习基地。目前，已经形成一支由十多人组成的骨干队伍，个个身手不凡，常在苏州地区进行精彩表演，屡获嘉奖，产生了良好影响。

◎

常熟花边制作技艺

江苏省级／传统技艺

保护单位：常熟市花边厂有限公司

国家历史文化名城常熟，地处江南水乡，境内拥有众多文化艺术流派，名闻海内外的“常熟花边”就是其中之一。

近百年来，常熟花边在传统的地方民间刺绣工艺基础上，吸收并发展了国外的抽纱工艺，形成清新淡雅、独树一帜的“手捏雕绣”花边艺术。

20 世纪初，常熟浒浦、大义等乡村率先将外来的抽纱工艺兼收并蓄于地方绣花工艺中，形成具有鲜明地方特色的常熟花边。中华人民共和国成立初期，常熟已有花边绣娘 5 万余人；20 世纪 70 年代末，达到 16 万人。母女传习、姐妹同学、妯娌互教、姑嫂相授的绣花边场景成为常熟特有的人文风情画。绣制花边一度成为常熟农家田间劳动以外的最大收入来源。民间更有“娶媳妇要娶花边绣娘”的风尚。

常熟花边具有以下特点：一是以“雕”见长，即绣好纹样后，绞去底布，使之镂空，产生“镂雕”的艺术效果。另“抽丝”“包针”“游茎”“打子”等针法，更添“浮雕”立体效果。二是不用绷架，绣女们直接手捏坯布绣制，便于随身携带，就地绣制。三是常作为女子定情物或陪嫁妆奁。常熟花边有60多种针法和8000多种图案存世。产品囊括了桌布、窗帘、沙发巾、服饰、床上用品等多项门类，先后被人民大会堂、毛主席纪念堂、钓鱼台国宾馆、首都机场等指定选用。常熟花边曾经汲取过西欧民间抽纱工艺的营养，至20世纪70年代末，远销五大洲八十多个国家和地区。常熟花边被誉为“永不凋谢的鲜花”和“传播东方文化的工艺大使”。常熟花边曾获国家金质奖和国家工艺美术百花奖，它在艺术欣赏、技艺交流、民俗学研究以及生活实用等方面都具有独特的价值。

20世纪80年代末，随着工业化和城市化进程的推进与国际市场的变化，传统的常熟花边生产逐渐衰落，从业人员散失，针工针法面临失传；绣娘队伍老龄化，甚至已多次出现一块花边未及完工，绣娘已去世，需由他人接替完成的状况。

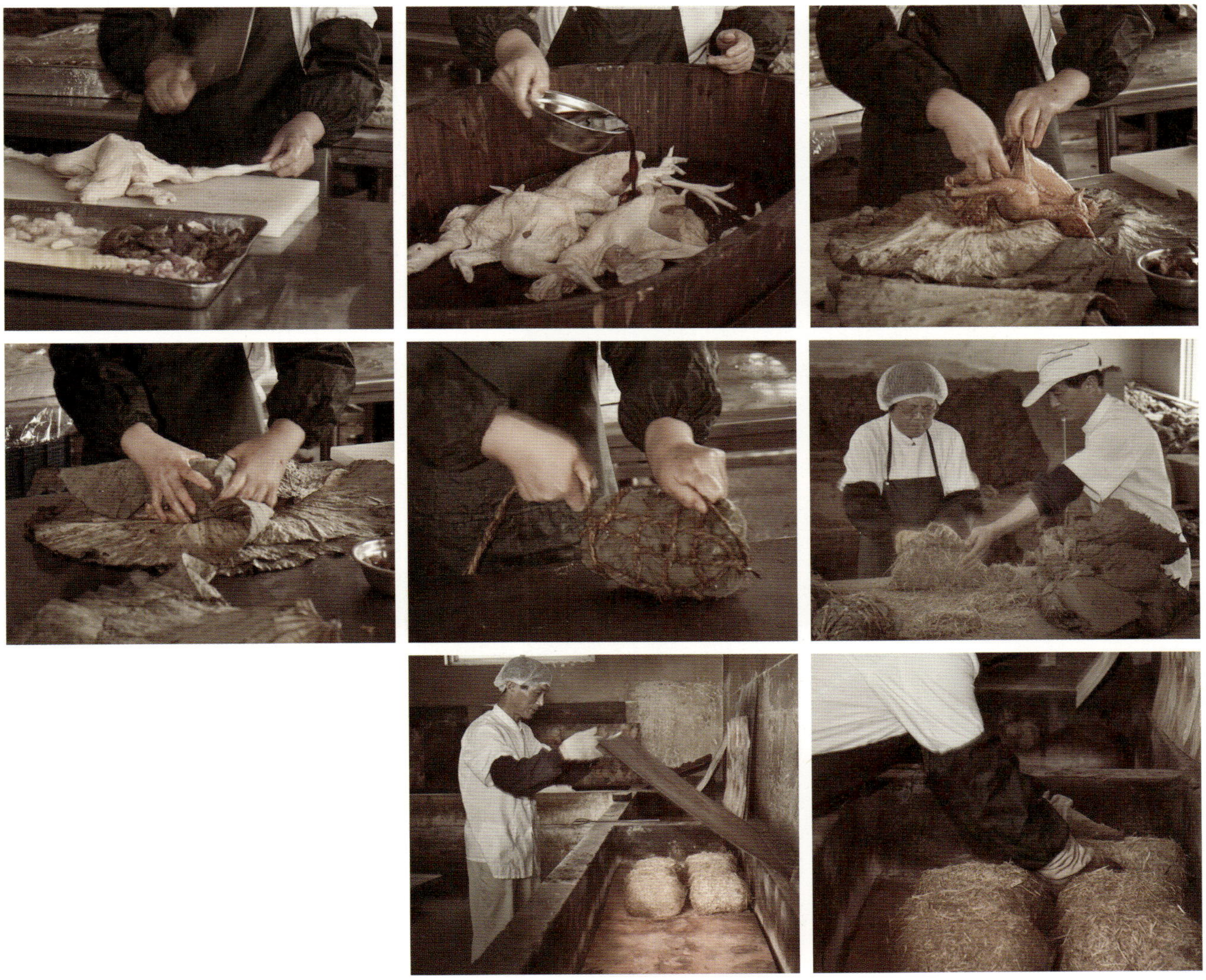

常熟叫化鸡制作技艺

江苏省级／传统技艺
保护单位：常熟市江南王四食品有限公司

王四酒家叫化鸡是常熟百年老店王四酒家的传统特色名菜，王四酒家始创于清光绪十三年(1887)，迄今为止已有一百三十余年历史。叫化鸡其名虽不登大雅之堂，却是蜚声海内外的著名菜肴，已被载入《中国名菜谱》《佳肴集锦》《江苏名菜谱》《苏州名菜集》，并多次参加中国·苏州美食节和中国国际旅游商品博览会。

王四酒家叫化鸡由常熟市王四酒家创始人王祖康创制，菜名取以“叫化”，非别出心裁，而有其一段传说。相传，明末清初在常熟虞山之麓有一乞丐（吴语称叫化子）偷得一鸡却苦无炊具，便将鸡宰杀去除内脏，带毛涂泥在火炕上煨烤，竟得一香气四溢的美食。王祖康据此民间传说，仿以泥烤，加以调料，几经试验，终于制成独具风味的特色佳肴，因是乞丐始创，故命名为“叫化鸡”。

当年，王祖康在虞山兴福寺附近以家屋茅棚为店，陈设简陋，连个招牌都没有，但其勤于家业、精于烹调，以田间蔬菜、山间野味、河塘鱼虾以及家养的鸡鸭等烹制富有特色的菜肴飨客，加上他独门秘制的叫化鸡，使得小店自开张便食客盈门。凭借叫化鸡的独特魅力，小店声誉鹊起，遂发展成为王四酒家，成为业中之冠。

王四酒家叫化鸡制作工艺特殊。选料必须是三四斤、散养的新草鸡。煨制采用泥烤法，鸡身外贴猪网油，再包荷叶、高温玻璃纸，细草捆扎，然后用泥糊作茧状；必须用松木煨烘，控制炉温，控制湿度。内料必须是上等火腿、松蕈、虾仁等物，配以丁香等香料。鸡肉酥烂异香，味透而嫩；上筷骨肉脱离，荷香漫溢，原汁原味。目前，王四酒家叫化鸡主要品种有传统泥煨全鸡、传统泥煨蹄髈叫化鸡等。

王四酒家叫化鸡走过了一个世纪的传承历史，与各界名人逸士结下了诸多渊源，留下众多佳话，成为常熟重要的饮食文化招牌。在常熟大力发展旅游经济的今天，王四酒家叫化鸡更作为常熟地方重要的土特产、旅游商品，带着浓厚的常熟风味被全国人民所了解，成为常熟旅游商品中的一朵奇葩，为常熟旅游经济的发展做出了重大贡献。

王四酒家叫化鸡不仅是一种地方佳肴，更是一种地方饮食文化，日久弥深，成为常熟美食的杰出代表。

◎ 酿造酒酿造技艺·王四桂花酒酿造技艺

江苏省级 / 传统技艺
保护单位：常熟市江南王四食品有限公司

常熟堪称“鱼米之乡”，酿酒历史悠久，家酿作坊遍及城乡，酒源丰富，酒质优等。千百年来，常熟人与酒结下了不解之缘，形成了独特的酒俗和灿烂的酒文化。

王四桂花酒，创酿于清光绪十三年（1887），由王四酒家创始人王祖康自酿而成。香甜醇厚是王四桂花酒的一大特色，源于用料与酿制工艺与众不同。其一是主要原料，选用常熟当地新登场的上等糯米，开坛之日恰逢菜花黄时，故乡间有“菜花黄”一说。其二是水，虽然王四酒家附近有井有河，可王祖康却舍近求远，到距店约一里地的杨树涧去担水。杨树涧的水源在虞山联珠洞，是上等优质泉水。当杨树涧干涸时，则到更远一些的舜过泉去担运，相传该泉为上古虞舜饮过的虞山名泉。用这种泉水酿出的酒，饮过之后，会使人产生甘醇的味感。其三是鲜桂花，王四桂花酒选用的是虞山北麓山民种的比一般桂花花期迟一星期左右的“青花”。这种“青花”，香气浓郁，提炼出的桂花原露芬芳扑鼻，是上等的酒香料。再则桂花酒比一般白酒酿制工艺更为讲究，从浸米、蒸饭、冲浆、加曲、发酵、压榨、过滤，到煎酒、杀菌、贮存，都严格操作，把作师傅都是有几十年酿酒经验的老手。所酿之酒，一般要陈伏三年以上才上堂供饮。经过三四个盛夏严冬的贮存，酒的暴烈之性已大大消失，酒性趋于温和，而又有一定后劲，饮后不觉口燥，且满口留香。故而王四桂花酒具有“品质优，酒度低，酒色淡黄清澈，味道香浓醇厚，一年四季可饮，男女老少皆宜”的特点。

“带经锄绿野，留露酿黄花”，这是翁同龢曾为王四酒家写过的一副楹联，至今仍被挂在王四酒家的店堂之中。《闲话扬州》作者易君左，畅游虞山胜景之后，来到王四酒家，吃了桂花酒，赞不绝口，即兴挥毫题诗：“江山最爱是才人，心自能空尚有亭。王四酒家风味好，黄鸡白酒嫩菠青。”《桂花白酒进北京》在 20 世纪 60 年代是传唱一时的优秀民歌，这真是“王四捧出桂花酒，浓香直上重霄九。熏得路人皆陶醉，豪情更上一层楼”。可见王四桂花酒以它特有的风味吸引着无数文人墨客，从它第一甏酒酿出至今一百多年来，香风经久不衰。

中华老字号
China Time-honored Brand
始创于1887年清光绪年间
中华老字号
454ml

明倫堂
杏壇

传统建筑营造技艺·香山帮传统建筑营造技艺

江苏省级／传统技艺

保护单位：常熟古建园林建设集团有限公司

香山帮是一个历史悠久的建筑流派，形成于汉晋，发展于唐宋，兴盛于明清。

常熟有着 3000 多年的人文历史，是吴文化重要发祥地之一。自宋代起，常熟就逐渐形成了一个集木作、泥瓦作、砖雕等多种工艺为一体的庞大群体，有“虞山派古建工艺”之誉。史料载，吴地香山帮鼻祖蒯祥之师蔡思诚，为明永乐年间故宫建筑设计者，与著名石工朱文铭同为常熟杰出工匠的代表。明清以后，常熟古建匠人群体沿袭香山帮传统谱系和风格，以师傅带徒弟、口传心授方式进行传承，成为“香山帮传统建筑营造技艺”的重要一脉。

常熟香山帮传统建筑营造技艺以木匠领衔，是一个集木匠、泥水匠、石匠、漆匠、堆灰匠等古典建筑工种于一体的工匠群体，将建筑技术与建筑艺术融为一体，具有色调和谐、结构紧凑、制造精巧、布局机变等特点，有着浓厚的地方特色和历史、文化、实用、艺术价值。从宋至今，从江南民间宅第、古典园林到寺庙道观建筑、京城皇家宫殿，常熟工匠运用香山帮传统建筑营造技艺营造了无数令人叹为观止的杰出作品。

常熟香山帮传统建筑营造技艺依赖特定的工匠群体和环境，薪火相传。民国初，常熟就有私营营造厂多家，业主多为匠人出身。中华人民共和国成立后，老一辈比较杰出的工匠有管兴、郭根生、朱贵福、晏云生等。1981年底，常熟县政府成立常熟县古建筑公司，聚起一大批技艺精湛的古建筑工匠，并形成一支古建筑工程管理与设计的高级专业人才队伍，现升格更名为常熟古建园林建设集团有限公司。

公司成立三十多年来，秉承弘扬香山帮建筑技艺之重任，充分发挥老一辈匠人们的聪明才智，通过修缮、重建、仿建等手段，使一大批独具匠心、巧夺天工的香山帮建筑呈现在世人面前。1987年承建江西南昌名楼滕王阁工程，获国家建筑最高奖“鲁班奖”；常熟聚沙塔，得到国家级古建筑专家罗哲文的肯定；东钱湖南宋石刻公园工程获“国家文物保护最佳工程奖”；江苏泰州周氏住宅修缮工程获“中国文化遗产保护最佳工程”荣誉称号。

◎ 传统木船制作技艺·古船制作

江苏省级／传统技艺
保护单位：常熟市湖海古船制造厂

常熟濒江临海。南宋时，常熟浒浦港置武尉水军。随着军港的建立，浒浦港成为出江入海的重要枢纽，推动了当地造船业的兴旺发达，直至今日。

出生于航海世家的浒浦人氏韦文喜（现已去世），其先祖以修造船开基立业，传至他已经是第六代。受家庭和当地环境的影响，韦文喜自幼酷爱古船，12 岁开始，跟二叔韦寿山学习造船知识；16 岁随船出海，了解和掌握船只造型、水密隔舱结构等知识。1990 年，韦文喜退休后，全身心地投入传统木船制作技艺研究之中。韦文喜和他的古船厂运用传统工艺生产制作的历史上各个时期

的广船、福船、平底沙船 3 类 47 种式样的百余艘仿古真船和古船模，外观造型和内部结构都与古代真船相吻合，被业内人士称为古代船舶的“活化石”。这是历史上造船技术原生态的保留和反映，具有极高的历史价值、文化价值、科研价值。韦文喜及其古船厂的作品遍及 14 个省市，分别为旅游景区使用或被国家博物馆、中国航海博物馆等单位珍藏，其中 3 艘出口美国和波兰，开当代向国外出口古沙船先河，享誉海内外。

古船制作工艺流程：第一是根据古船的建造要求进行主体构思和图纸设计绘制。第二是精选造船所需的老杉木等材料。第三是制作船底。第四是制作船肋骨。第五是制作隔舱板。第六是安装船体。第七是制作船艄、船尾，并配以栖装、锚泊、推进设施等。第八是捻船缝。第九是油漆木船。

古船制作工艺中核心技艺主要包含两方面内容：一是隔舱，二是水密性。隔舱就是

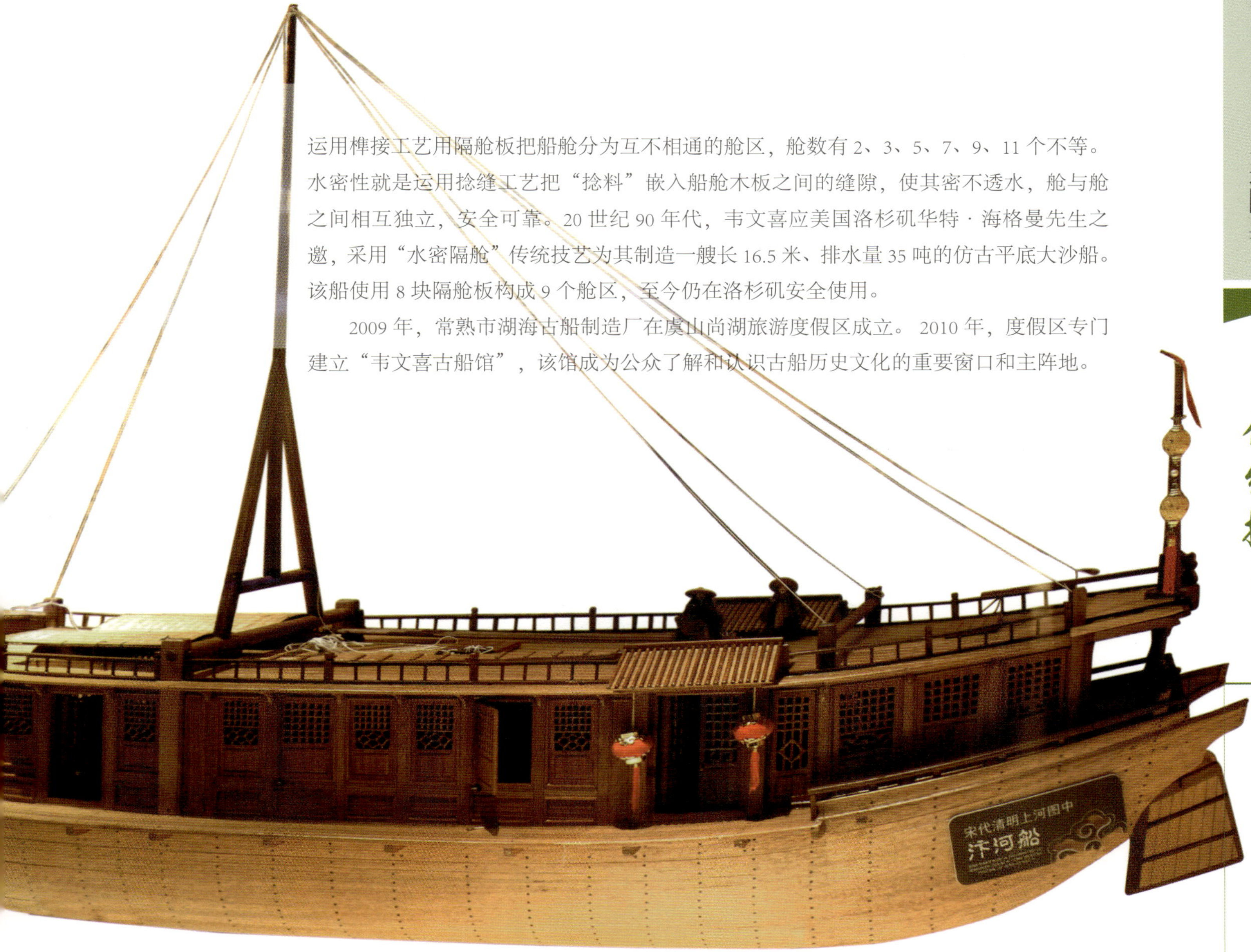

运用榫接工艺用隔舱板把船舱分为互不相通的舱区，舱数有 2、3、5、7、9、11 个不等。水密性就是运用捻缝工艺把“捻料”嵌入船舱木板之间的缝隙，使其密不透水，舱与舱之间相互独立，安全可靠。20 世纪 90 年代，韦文喜应美国洛杉矶华特·海格曼先生之邀，采用“水密隔舱”传统技艺为其制造一艘长 16.5 米、排水量 35 吨的仿古平底大沙船。该船使用 8 块隔舱板构成 9 个舱区，至今仍在洛杉矶安全使用。

2009 年，常熟市湖海古船制造厂在虞山尚湖旅游度假区成立。2010 年，度假区专门建立“韦文喜古船馆”，该馆成为公众了解和认识古船历史文化的重要窗口和主阵地。

苏南水乡婚俗

江苏省级/民　俗

保护单位：沙家浜镇文化站

常熟沙家浜镇地处江南水乡，境内水域面积占全镇总面积的一半以上。自古以来，沙家浜便有湖家浜、晏家浜、徐家浜等36个浜，素有“开门就见水，抬脚就动橹”之说。所以，历来沙家浜镇每家每户都拥有自己的船只，走亲访友、婚丧喜庆，抑或田间干活，乃至小贩沿着河滩挨家挨户叫卖，等等，都要用船。正是这种得天独厚的自然环境，孕育了沙家浜独特的“水”文化，造就了韵味独特的沙家浜水乡婚俗。

考古资料证明，早在4500多年前，沙家浜就有先民聚居、繁衍生息，那时就已经有了一个比较原始的区域性婚姻习俗。在几千年的历史进程中，沙家浜水乡婚俗除具有常规的婚俗礼仪之外，还形成了自身特色，主要环节离不开水，迎亲必须用船。

沙家浜水乡婚俗，一般有六礼，包括纳采、问名、纳吉、纳征、请期、迎娶。迎娶是婚礼的最后一道仪式，也是最隆重、最出彩的环节，有六个与众不同的显著特点：

1. 具备迎亲船、嫁妆船：用于接新娘、接嫁妆。

2. 迎亲时表演“摇出水”“外出跳”：充分体现接新娘时摇船人的欢乐和高超技艺。

3. “公爹抢水落团圆”：象征新人进门，一家人团团圆圆。

4. 特邀“堂名”鼓手在婚宴中演奏快乐、吉祥的乐曲，营造喜庆祥和的气氛。

5. 特请独具才艺的茶担艺人担任婚礼司仪，主持“传代”“吃跳板茶”“吃花宴”“吃花烛”等环节。

6. “哭嫁囡”：待到新郎接到新娘准备从女方家出门时，新娘上轿时要哭哭啼啼，新娘的母亲同时也要哭哭啼啼。此哭被认为大吉大利。

沙家浜水乡婚俗是吴文化传统习俗的一个重要组成部分，通过其婚礼内容与形式、婚礼程序、婚俗演变与特点等，向人们展示江南地区婚礼中极具特色、富有吸引力、甚为隆重的形式。同时通过沙家浜婚俗中的某些“繁文缛节”，我们可以触摸到水乡人民对美满幸福生活的向往与追求，对社会、家庭的深深责任感。

沙家浜水乡婚俗是礼仪风俗的精华，它凝聚着水乡人民在生活中的高度智慧与独特魅力，具有丰富而深刻的文化内涵。

◎ 湖甸龙舟会

江苏省级／民　俗
保护单位：虞山尚湖旅游度假区管委会

划龙舟习俗在荆楚是为祭祀灵均，在吴越是为祭祀子胥，而在常熟是为祭祀李王。李王即宋代的李禄，他在生前为民驱瘟免灾，救民于危困，特别是“卫海漕”有功于世，俨然水神，死后为当地老百姓所怀念，特别是为湖甸地区百姓所顶礼膜拜。

常熟湖甸位于虞山南麓、尚湖之东。湖甸人家傍水而居，日常出没风波里，在水中讨生活。他们祈福于传说中的水神李王，于每年的春秋两季进行湖甸龙舟会。常熟湖甸龙舟会的独特之处除了祭祀李王外，再一个就是一年两度——第一次是开春“划青苗”，第二次是稻熟“秋报”，这在地方志中都有记载。

湖甸龙舟会是中国古代传统的农本思想的产物，为研究江南水乡的农耕文化提供了范例，有“活化石”之谓。它还是中国本土宗教——道教思想日常渗透的一个标本。李王神像供奉于常熟虞山南麓

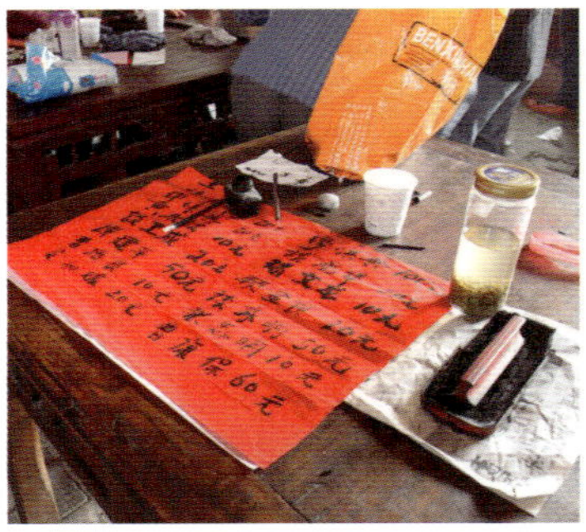

致道观。据《艺文类聚》载，致道观初名“招真治”，由张道裕建于梁天监二年（503），梁简文帝撰《招真治碑记》。湖甸龙舟会的一系列仪式唯道教是尊。如它的祭拜、开路、护佑、服饰、供品……都是道教法事“斋醮”“道场”等的做法。

湖甸龙舟会从宋元始，经历明、清、民国，一直兴盛不衰，后逐渐式微。《常昭合志》《常熟市志》《虞山镇志》《虞山林场志》等地方志中对此都有详述。近年来，当地做了大量恢复工作，努力使湖甸龙舟会这一传统文化的载体得以延续。

湖甸龙舟会的程式规范，引得湖甸周边乡镇纷纷效仿，甚至苏州城区一带的龙舟赛事都以租用常熟湖甸的赛舟和邀请到常熟湖甸的划手为荣。极富地方特色的湖甸龙舟会，是常熟民俗活动的重要节日项目。

上鹞灯

江苏省级／民　俗

保护单位：碧溪新区文化站

上鹞灯主要流传于碧溪沿江一带，是当地老百姓过元宵节的一种民间习俗，据说是从元末明初的“牵高灯”演化而来。那时，农村人家的宅前都竖一根高高的竹竿，从农历年初一到正月二十，每晚要在这根竹竿上牵起几盏或十几盏灯笼，这就是“牵高灯”。

哪个村庄的灯牵得越多、越高、越红火，象征着哪个地方当年就越是风调雨顺，百姓就越是太平安康。后来从杭州大庙里来了一个游方和尚，这和尚看到这里既有“放鹞子”，又有“牵高灯”，就给当地人出了一个点子，将灯笼系在“鹞子”上，不再受“牵高灯”竹竿高度的限制，增加了高度和灯笼数量的自由度，于是便形成了如今的“上鹞灯”。

“鹞子”制扎一般分为定样、选料、下料、绑扎、贴糊、构图绘画、组装、拴角线、试飞九道工序。定样，设计鹞子的式样和规格；选料，选用竹材、纸张及颜色；下料，截竹、劈篾、刮平；绑扎，扎成鹞子骨架；贴糊，将面筋纸或牛皮纸糊在鹞子骨架上；构图绘画，要求设色明快、对比强烈；组装，尤其是大的鹞子，要按图组装；拴角线，确定角线的长度和数量；试飞，看鹞子能否平衡升空，发现问题做适当调整。鹞灯的特点是面积大、鹞线粗、结构牢、色调简单、品种少（大部分选用“双蝴蝶鹞”）等。鹞灯的制扎，首先要剪一段长 50—60 厘米的干芦苇，从中间平均开成 4 片，然后捏住两端，对向中间用力，中间部分就自动向外撑出，形成一个橄榄形的灯架，里边的蜡烛用竹扦扦住。

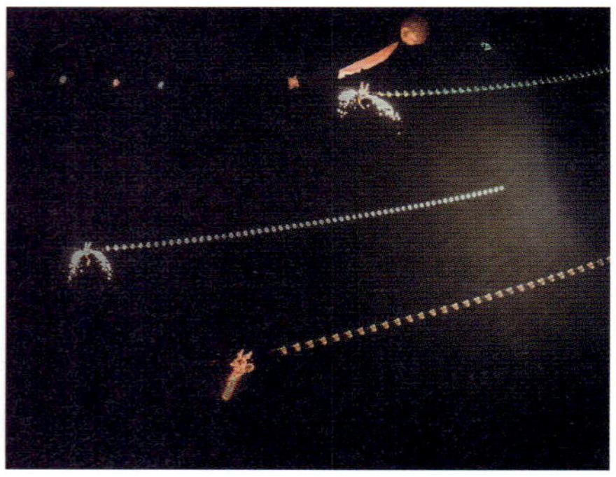

整个过程起飞较艰难，特别是风力较弱时放飞，必须使巧劲。放飞时，有“二领鹞”“三领鹞”的讲究，即两只或三只鹞子在一根绳子上一起放，每只鹞子间距一至二丈。鹞灯是将鹞线压下来后，一盏一盏挂上去的，因此，挂的盏数越多，难度越大。上鹞灯从制作工艺到放飞技术，充分展示了百姓的聪明才智、勤奋刚强、乐观向上。作为地方特色文化，上鹞灯又具有极广泛的群众基础以及较高的文化观赏和交流价值。

经过数百年的传承，上鹞灯已成为本地区在一个特定时间里约定俗成的生活庆典。

“三月三进香”，俗称“拜香”，是在常熟流传已久的、特有的一种民间文化习俗。每年农历三月初三，常熟虞山脚下及周边乡镇的农民都自发结队上山进香。

虞山三月三报娘恩

江苏省级 / 民　俗

保护单位：虞山尚湖旅游度假区管委会

常熟“三月三拜香”的渊源来自古代的上巳节。据《史记·外戚世家》《后汉书·礼仪志》记载，当时上巳节都以修禊为主题。随着时间的推移，上巳节的内容发生了变化。延至唐宋时期，上巳节逐渐演变为以求神拜佛为主要内容的节日了。

相传农历三月初三为真武诞辰，人们为了纪念，都相约每年农历三月初三前往虞山祖师庙拜香，这在明代嘉靖年间尤为盛行。后因藏海寺（即祖师庙）玉林国师还山建塔葬母的故事感人至深，前往拜香的人数愈发增多，拜香活动愈发盛行，拜香活动因此也被称为“报娘恩”。每年农历三月初三，常熟各镇的善男信女及游春之众倾城而出，香客如云，游客如织；邻近的无锡、江阴、昆山、太仓等地的香客

这天也专程前来进香。此日香火之盛，为常熟全年之最，香客达数万人之众。庙中当天收入，足供僧众全年花销。

拜香有多种形式，有的有一定的结社，一般以街坊、村为单位，组织香社，设有香头，进香时由香头组织，香头可以经常轮换。拜香事先要设坛斋戒，聚众诵经礼佛，各拜香队先在附近一庙内集中，届时结队向祖师山行进。拜香队伍中的香客大多来自本市及各乡镇或是周边市县的农村，都是自发组织香队，结伴而行，其中年纪最大者已有80多岁。他们一般身穿青白短衫，头戴头陀箍，额前绕一朵纸制莲花，敞开胸襟，腰间束带，赤足穿草鞋，双手拿小凳，凳子上放经书、木鱼，一路呜笳唱赞，还有一人敲击铜铃，铃声清脆悦耳。

“文革”期间，拜香一度被禁止。20世纪80年代后，此活动又恢复了，但在形式上已有所不同。比方说，以前拜香队伍中常见的“肉身灯”“臂锣臂香”等表演已不复见。一些服饰旗伞、节日食品、禁忌事项等也都有变更。

“三月三，上祖师山”，已成儿歌，被人代代传唱。常熟的三月三拜香活动传承形态优良，是常熟农民自发组织的，具有深厚的文化底蕴和较高的社会学、民俗学研究价值。

常 熟 非 物 质 文 化 遗 产 名 录 图 典

苏州市级项目

The Dictionary of Intangible Cultural Heritage

◎ 陆瑞英民间故事

苏州市级 / 民间文学
保护单位：古里镇文化站

陆瑞英，女，1933 年出生于常熟市古里镇白茆上塘村，著名山歌手、故事家。自幼受家庭熏陶，12 岁就能颇有声色地向别人讲述故事，引来多人静听。20 世纪 60 年代前，陆瑞英以唱山歌著名，后因嗓音突然嘶哑，遂转为以讲故事为主。

陆瑞英讲述的民间故事，内容十分广泛，门类齐全，语言生动，极富乡土气息，概括了人生和社会的方方面面，既有神话、史事传说、地方传说、动植物传说、民间工艺传说、风俗传说，又有幻想故事、生活故事、鬼狐精怪故事、机智人物故事，还有寓言、笑话等，可谓包罗万象，无奇不有。故事内容大多健康向上，以教育人民要心地善良、助人为乐、扶弱济贫。她运用朴素简练的语言，讲述了对美好生活热烈向往、对恶丑事物嘲讽揭露、对劳动者智慧由衷赞美的故事篇章，让听众产生愉快、悲壮、景仰等情绪的共鸣，在提高听众精神修养的同时，让听众获得多种美的享受。

陆瑞英作为一名优秀的民间故事家，在热心讲述传统故事的同时，还时刻关注着自身生活的社区，关注着她非常熟悉的农村和农民朋友。她收集和演讲了一批与当前百姓生活密切相关的新民间故事，深受听众欢迎和行家好评。其中《住陆搭》《养伲子勿如养兔子》等篇目，一经陆瑞英讲述，很快成为家喻户晓的经典。

陆瑞英的故事内容丰富、题材广泛、构思巧妙、语言鲜活、情景交融，仅江苏省社会科学院研究员周正良先生根据她的口述记录下来的民间故事就有200多篇。在近三十年内，经陆瑞英口述，由民间文艺工作者整理发表于《民间文学》《民间文艺季刊》《苏州民间故事》等刊物上的作品有100多篇。2007年，古里镇人民政府会同中国俗文学学会联合编辑出版了《陆瑞英民间故事歌谣集》，并在北京大学成功举办了首发式和专题学术研讨会。2009年，《陆瑞英民间故事歌谣集》荣获第九届中国民间文艺“山花奖·民间文学作品奖”。同年，常熟电视台开设《陆瑞英讲故事》栏目，栏目一开就是整整四年，总共讲述了488则民间故事。陆瑞英成了常熟家喻户晓的故事大王，《陆瑞英讲故事》栏目也成了广大群众很喜爱看的节目。

◎ 谢方樽传说

苏州市级／民间文学
保护单位：辛庄镇文化站

“谢方樽传说”主要流传在常熟城乡，尤以辛庄镇为主。

“谢方樽”有生活原型。谢方樽是清乾隆年间著名讼师，常熟辛庄人。谢方樽是一位秀才，从小就很聪慧，不到10岁已经把四书五经读熟无遗；到15岁，连诸子百家经典都能诵读，真是过目不忘……常熟图书馆藏有署名“常熟谢方樽著”的《横扫千军集》，书前印有谢方樽的画像。谢方樽对当时的社会心存不满，常以机智的言行讽刺和惩治贪官、恶霸。他打抱不平、伸张正义，深受人民大众的喜爱。其事迹不胫而走，在民间广为流传。

“谢方樽传说”影响广泛，民间都知道“谢方樽”的名字，“恶讼师”一词，至今依然活跃在人们口头。在长期流传的过程中，民间又将许多机敏、滑稽，甚至恶作剧式的故事都附会在他身上，以“谢方樽”为中心，构成了系列故事。因此故事越来越丰富，数量可观。

“谢方樽传说”主要包括谢方樽仗义、“四两拨千斤”救人于危难的故事，谢方樽“妙计回天”和“诉讼技巧”的故事，谢方樽引导民众遵守乡规民约并造福桑梓的故事，谢方樽惩治恶霸、地痞、刻薄人的故事，谢方樽劝人为善、调解民事纠纷的故事，谢方樽的童年故事，谢方樽讽刺人、捉弄人的故事。“谢方樽传说”中的故事采录自不同地点、不同讲述人之口，尽管故事中的“智慧之核”相同，但组成故事的元素不同，时间、地点、人物、事件都不同。

“谢方樽传说”是系列故事，每则故事各自独立，但主人公都是同一个人——谢方樽。以机智取胜的谢方樽代表了民间立场，对立面则是恶霸、地痞、刻薄人等。谢方樽以他的智慧为老百姓打官司，常常能力挽狂澜，出其不意地胜诉，口碑好，深得人民大众的喜爱。

好事传千里！谢方樽终成故事人物，为大家所乐道。“谢方樽传说”也因而历久弥新，传承不息。

◎ 苏州道教音乐·常熟道教音乐

苏州市级／传统音乐

保护单位：常熟市民族民间文化保护办公室

道教音乐是道教进行斋醮仪式时，为神仙祝诞、祈求上天赐福、降妖驱魔以及超度亡灵等诸法事活动中使用的音乐，俗称法事音乐或道场音乐。道教音乐是道教仪式中不可缺少的内容，它烘托、渲染宗教气氛，增强信仰者对神仙世界的向往和对神仙的崇敬。

道教传入常熟已有千年历史，乐诵在传入之时便已形成。常熟道教音乐受江南民间音乐影响，民间山歌、乡间小调在本土道士的自觉不自觉采纳中融入道教音乐。而且常熟道教音乐受地方戏曲，尤其是昆曲影响。无论在韵腔还是奏乐中，常熟道教音乐既能够“感动群灵”，又起到了抚慰人心、警戒信徒的作用。

常熟道教音乐按照地域的分布，可以分为东乡、西乡和市区三大派。东乡道教音乐以东张、支塘、古里为典型，音乐特色为“热闹”，演奏上注重粗锣鼓的打击乐，紧打慢唱，有时还用京胡作为主要的旋律乐器，具有清新、活泼、欢快、明朗的韵律和生活气息。西乡道教音乐以辛庄、沙家浜为典型，以粗乐为主，打击乐形式与十番锣鼓相近，曲牌音乐所用昆曲和京剧多，科仪结束后还加唱戏曲、奏乐以娱心，因而西乡道教音乐的曲目和形式较丰富。市区道教音乐主要以市内本帮道士为主，注重音乐的文静、细腻，讲究演唱风格、曲调运用、乐器配置的整体配合。

常熟道教音乐体系中，以碧溪、古里、支塘等地道士为正音代表，都属于江南正一道，尤以碧溪的东张道教音乐最为典型。1986年，上海音乐学院为了抢录常熟帮的道教音乐和抢拍道教科仪，特邀东张道士王舞阳、杨浩兴、陆鹤寿、杨萼清、姚惠生等到上海演出，在白云观玉皇殿录制《中国道教斋醮·常熟卷》。专家点评常熟表演的道教音乐“保持着明清时代的古朴风格，在唱白上受昆曲的影响较深，分档甚多且造诣较深，在江南道教音乐中堪称一绝”。1987年，上海中国唱片厂出版《中国道教音乐·茅山·常熟卷·万年欢》录音带，成为具有江南特色的道教音乐珍本。

◎ 锡剧

苏州市级 / 传统戏剧
保护单位：常熟市锡剧团、尚湖镇文化站

锡剧是流行于江浙沪一带的地方戏曲，主要发源于常州和无锡等地的农村地区，因而被称为“常锡文戏”，1954 年之后统称“锡剧”，至今已有两百年的历史。其脱胎于苏南水乡的古老吴歌和乡村俚曲，借鉴典雅精致的昆曲表演和舞台程式，又辅以民间流行的“采茶舞”“花鼓舞”等多种身段动作，最终形成了现在独具一格、优美规范的锡剧艺术，成为江苏省具有代表性的三大地方剧种之一，被叶圣陶先生赞誉为“太湖红梅”。

锡剧富有江南水乡民间音乐的特色。唱腔曲调上主要包括簧调、大陆调、玲玲调等，基本上是上下句的板式变化体结构，并有男女分腔的显著特点。舞美方面，仿效京剧，采用“守旧”和一桌两椅。

中华人民共和国成立以后，除部分传统剧目外，多参照话剧的舞美设计，古装戏化装兼用越剧小头面和京剧大头面。角色行当现主要发展为小生、老生、滑稽（丑）、老旦、花旦五行。传统剧目有《十五贯》《珍珠塔》《纯阳与牡丹》《孟丽君》等，深受苏州、无锡、上海民众喜爱和欢迎。

常熟从来就是锡剧起源和发展、观演的重镇，二十世纪二三十年代已经有锡剧艺人在茶园、戏场组台演出，此后又有红星、合众、友爱等剧团先后成立。1958年，这些剧团整合为常熟县锡剧团并延续至今。常熟锡剧祖法“锡帮”，不囿一域，兼容并包，通过拜师、选调等交流方式继承了江苏省锡剧团多位著名锡剧表演艺术家的风格特色，用韵考究，唱腔柔糯清丽，行当齐全，程式规范；同时，在传承

经典折子戏的基础上，大力加强自身原创剧目的编演，培养了大批在省市乃至全国获奖的优秀演员。多年来，常熟锡剧在探索艺术特色、推出原创剧目、名角人才培养、参演参赛获奖等各个方面都取得了不菲的成绩。

王庄锡剧是常熟锡剧的一朵璀璨奇葩。它深深植根于农村，具有朴实的感情和浓厚的乡土色彩。在新时期，王庄锡剧顺应时代潮流和观众审美，创作排练了《良心》《忏悔》《生日》《情变》等一批具有影响力的锡剧小戏，在满足广大群众日益增长的精神需求的同时，也引领着民众道德和价值观导向，传播和弘扬着社会的正能量。

◎ 评弹

苏州市级／曲　艺
保护单位：常熟市评弹团

评弹是苏州评话和苏州弹词的合称，俗称说书，是以苏州方言为主进行说唱表演的曲艺形式。

苏州评话通常一人登台开讲，只说不唱，表演上讲究说表、噱头、口技、手势、面风等，辅以折扇、手帕等道具，以醒木拍击桌面加强气氛。传统书目多为金戈铁马的历史演义和叱咤风云的侠义豪杰，如《三国》《隋唐》《金枪传》《岳传》《英烈》等。

苏州弹词有单档、双档或三个档，有说有唱，唱腔音乐为板式变化体，曲调以书调为主，创造了“陈调”“俞调”“马调”等20多种流派，也吸收费伽调、乱鸡啼等曲牌小调。伴奏乐器主要是小三弦和琵琶。说唱内容多为儿女情长、离合悲欢的传奇小说和民间故事，刻印传世的有《三笑》《倭袍》《义妖传》《双金锭》《珍珠塔》等。

苏州评弹起源于苏州地区，形成时间约在明末清初，主要流行于包括江苏南部、浙江北部和上海大部的长三角地区。四百多年的流传发展，苏州评弹形成了以“说、噱、弹、唱、演”和“理、味、趣、细、奇”为主要特点的表演体系，产生了 20 多种风格各异的流派唱腔，积累了一大批堪称精品的传世经典书目，拥有过数以千计的专门演出场所——书场，出现了数百位知名艺人。

苏州评弹是江南文化的一面镜子和人文精神的重要载体，除具有文学性、艺术价值外，还有语言学、历史学、民俗学、伦理学、社会学等多学科研究价值。它是吴方言地区的文化象征，凭借着深厚的文化积淀和艺术积累，成为中国曲艺百花园中的一朵奇葩。

常熟有“苏州评弹第二故乡”之称，是苏州评弹艺术的发源地之一，对苏州评弹艺术的发展有过重大贡献。苏州评弹在常熟的流行始于清代，其时城乡书场林立，人气旺盛，有广泛的群众基础。在此基础上，常熟的评弹名家响档层出不穷，并创造了“琴调”“小飞调”等唱腔流派。

然而，由于生态环境、社会环境以及人们生活方式的变化，常熟评弹同样面临着传承人老龄化、后继乏人、观众流失、出现明显断层等现实问题。

◎ 马咏斋熏腊产品制作技艺

苏州市级 / 传统技艺
保护单位：常熟市江南畜禽食品有限公司

江南熏腊名店马咏斋，系清光绪十八年(1892)邑人马咏梅创设。马咏梅初在古里一带茶楼酒肆中，兜售自制的鸡、肉、蛋等卤菜及野味，这些食物因选料考究、制法独特而声名鹊起，人称“马鸡”“马肉”“马蛋”等。光绪三十四年（1908），马咏梅迁入常熟城中赁屋设店营业，生意日益兴隆。兹后，通过行业间激烈竞争，马咏斋得到巩固，并于1921年在江苏第二次省地方物品展览会上获奖。在其影响下，20世纪20年代中常熟城内熏腊店竟剧增至20余家。1931年，马咏斋走出常熟向外发展，在苏州观前街开设分店，一时名扬姑苏城；1938年，在上海开设分店，驰誉沪上，使得当地名店皆向其靠拢。

中华人民共和国成立后，特别是改革开放以来，马咏斋生意更加兴隆。1980年9月，马咏斋易名为马咏斋熏腊食品总号。1999年，马咏斋熏腊食品总号整体调整给常熟市江南畜禽食品有限公司

管理。目前马咏斋熏腊食品总号的连锁店已达60多家，基本覆盖全市城乡各地，并延伸至周边县市。

马咏斋熏腊产品在继承优良传统制作工艺的基础上，不断进行改革和创新，以卤、酱、爊、糟、风、油炸、凉拌等制作方法，生产出卤制、糟制、爊制、风制等20多个系列产品。马咏斋熏鱼、五香大排、香酥酱鸭等7个产品荣获“第十三届中国厨师节”金奖，同时被认定为“中国名菜”。自1984年以来，马咏斋连年被评为苏州市文明单位和先进集体；1989年被常熟市和苏州市授予第一批“双信（食品卫生和计量）单位”；2002年成为“全国安全优质食品公开展示活动”公开展示单位；2003年被江苏省质量技术监督局命名为“江苏省质量诚信单位”；2004年被评为苏州市商贸业首批“消费放心单位”。百年沧桑，百年辉煌。

经过百年的风雨历程，马咏斋如同许多老字号一样，成为常熟饮食文化的亮丽符号。

◎ 苏派砚雕

苏州市级 / 传统技艺
保护单位：常熟博物馆

常熟历史悠久，文化底蕴深厚，在诗、画、印、琴、藏书等方面都有着各具特色的虞山派风韵。常熟的砚刻工艺作为与虞山印派密切相连的艺术形式同样光辉闪耀。从元代缪贞尝得《述古图圆砚》以“述古”名堂，至清代著名文人大家孙原湘、钱陆灿、翁同龢、杨晋、杨沂孙等刻砚铭，再到晚清沈汝瑾毕生刻砚、藏砚，直至赵古泥为沈氏数百方砚刻砚铭。而后，民国年间，制砚巨擘邑人陈端友，融中国绘画传统技巧、章法于刻砚艺术，模仿自然形象，并能别出心裁，开创了现当代上海砚刻的写实流派。因深受清代追求华丽、精细之风的影响，

陈氏砚刻细腻逼真，宛若真物，其写实的功力可以说达到了一个极致。他的雕刻技法在继承砖刻、石雕的基础上，又吸收了金石雕刻等其他艺术的精华，运用深、浅雕相结合的方法，使作品富有立体感，雅俗共赏，然后因材施艺，刻于各种砚石之上。

作为常熟砚刻的杰出代表，陈氏制砚的特征基本上代表了常熟砚刻技艺的基本特征。后有邑人王介玉，拜陈端友为师，遵循其刀法、磨工，逐步谙其精髓，得其神韵，达到了以假乱真的境地，使常熟砚刻技艺得以继承和发扬。

砚刻一般选用特殊的石料，采用传统的砖刻、石雕手法，因材施艺，雕刻成各种形状各异的砚台。砚台制作工艺较为复杂，工序繁多，主要有采石、维料、制璞、雕刻、配盒、打磨、上蜡等工艺过程。雕出的砚台具有很高的艺术价值、收藏价值和人文历史价值。

目前，常熟博物馆藏有近70方砚台，所属时期上至汉代、六朝，下至民国，不少为砚中珍品，如沈石友藏六朝砖砚、孙原湘铭蕉叶白端砚等。其中多曾由常熟收藏家收藏，展示了常熟砚刻技艺的杰出成就。它们将与陈端友砚刻作品、王介玉藏砚和刻砚，一同成为常熟砚刻工艺的历史见证，永世传承。

虞山绿茶制作技艺

苏州市级／传统技艺

保护单位：常熟市虞山绿茶有限公司、常熟市维摩剑门绿茶有限公司

虞山平均海拔约250米，南临尚湖，全山植被丰茂，长年雨水充沛，常有云雾缭绕，土质肥沃，为茶树的生长提供了优良的生态环境。明清之际，常熟著名藏书家、出版家毛晋钟情于家乡的“本山茶”，有诗《虞山绝顶茶》云：“从来尘外物，每向静中生。味胜真堪惜，风高莫敢名。睡魔偏合破，羽翼自然成。七碗香盈颊，应知减酒情。”清光绪三十年（1904），《常昭合志》记载：“茶，绿色，虞山间有之，名本山茶。”足见明清时虞山已在种植茶树。民国期间，虞山祖师庙、顶山等地僧民及张家坝、濮家坞等地山民曾种植过小叶茶树，面积约有5亩，系丛式种植，用茶籽直播于小块空地，或间作于栗树林间，任其自然生长，到春季采摘嫩芽，自制毛茶饮用。

目前，虞山绿茶分特种茶和炒青茶两大类，共10多个品种。其中，特种茶有“剑毫”“茗毫”“虞山碧螺春”“剑门牌碧螺春”“金碧螺”“特炒”等。

碧螺春是中国“十大名茶”之一，原产于苏州洞庭东、西山。碧螺春原名“吓煞人香”，其名演变的典故，最早见于常熟人王应奎的《柳南续笔》。为区分品牌，经常熟市质量技术监督局批准，虞山林场生产的碧螺春茶使用“虞山牌”“剑门牌”。碧螺春的采摘和制作工艺要求非常高，采摘时间必须在春分至谷雨期间，

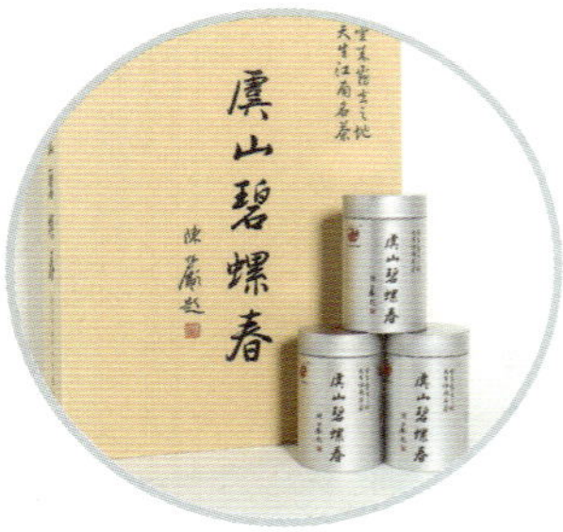

采一芽一叶为原料，清晨采摘后进行挑选，去除鱼叶、老叶及过长的茎梗，下午至晚上进行炒制。传统均采用手工方法炒制，其工艺过程是摊青—杀青—炒揉—搓团焙干，整个制作工序在同一锅内一气呵成。

“虞山牌”“剑门牌”碧螺春，色泽嫩绿带脆，白毫多而显露，条索紧细卷曲呈螺状，汤色清澈嫩绿，香气清高幽雅，滋味鲜爽微甘，叶底嫩黄明亮，颇受消费者们的好评。

◎ 明式家具制作技艺

苏州市级 / 传统技艺
保护单位：常熟市金蝙蝠工艺家具有限公司、
常熟市东方红木家具有限公司、常熟东达红木家具有限公司

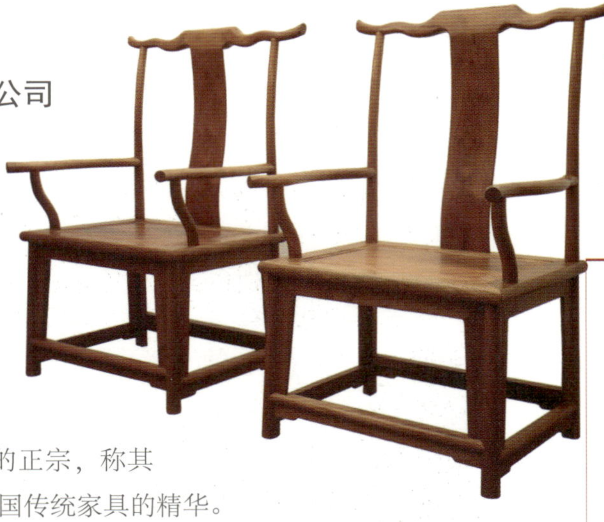

明式家具是指自明代中叶以来，能工巧匠用紫檀木、杞梓木、花梨木等制作的硬木家具，是汉族传统家具文化风格的杰出代表，遐迩闻名。虽然明式家具在全国很多地方都有生产，但以苏州为中心的江南地区能工巧匠制作的家具最得大家认可。研究古典家具的泰斗王世襄经详尽考证，认为明式家具发源地和主产地在苏州地区。因此，人们公认苏州家具是明式家具的正宗，称其为苏州明式家具，简称苏式家具。苏式家具在一定程度上浓缩了中国传统家具的精华。

苏式家具造型优美、稳重、简朴；装饰讲究少而精、淡而雅；结构简单、严谨、合理，采用榫卯连接，极具工巧美；在选材上多追求自然美，巧妙地运用木材天生的色泽和纹理之美，而不做过多的雕琢，在不影响整体效果的前提下，只在局部做小面积的雕饰，完全契合返璞归真的审美理念。清丽、别致、精美的苏州明式家具，蕴含了人生哲理、情趣、愿望、追求及风俗等，散发出民族传统文化的精神、气质、神韵，具有深厚的艺术魅力和深刻的历史文化价值。

常熟隶属苏州，这里山清水秀，人文荟萃，物华天宝，园林建筑发达，家具生产与之相配。据史料记载，从唐朝的皇宫到当今中南海紫光阁，陈设的红木家具很多来自常熟。有明一代，常熟成为苏式家具主要的产地之一，出现了蔡信、王毅等彪炳史册的人物。能工巧匠遍布城乡各地，他们代代相传，至清末民初，常熟已有了诸如谢瑞泰、支瑞丰、周复泰、新泰毛记、丰泰等一大批顶呱呱的制作明式家具的名店，享誉苏州，影响江浙沪地区。

中华人民共和国成立后，红木古典家具的规模化生产也从常熟起步。1966年，常熟市金蝙蝠工艺家具有限公司的前身——王市工艺家具厂与上海联营，开始生产苏式红木家具。1970年，福山雕刻厂和常熟县木器厂与江苏省外贸联营也开始生产苏式红木家具，不久由县木器厂向外发展了东张、梅李、横泾、

吴市、碧溪、徐市、谢桥、福山8个加工点，自此常熟成为中国红木古典家具出口的生产基地之一，代表作有《百狮台》和紫光阁接待外宾用的坐具等。20世纪80年代，常熟就制定了红木家具的标准，对用材做了明确的界定，成为2000年国家标准制定的脚本。2000年常熟市红木家具制品行业协会成立。

目前，苏式红木家具制作遍及常熟各地，尤以东张红木家具、海虞红木家具、谢桥红木家具最为杰出，代表了全市制作技艺的最高水平，并影响苏南其他地区。在红木家具业中，常熟一直享有“中国红木家具之乡”的美誉。

◎ 苏州装裱技艺·古旧书画修复技艺

苏州市级／传统技艺

保护单位：常熟博物馆

装裱是对中国书画、碑帖进行装饰的一门传统特殊技艺，也称作“装潢”“装池”等，历史悠久，源远流长。

宋代书画大家米芾《宝晋英光集》记载：“赵子立收笔阵图，前有右军真迹并笔样手势图，后为章子厚取之，使吴匠制，甚入用。今，吴有其遗制。近知此书在章持房下。”可见当时吴地（今苏州一带）的装裱技艺已具备一定的水平，能让名家满意。宋室南迁后，苏州成了南宋皇室和官僚地主取得各种特种享乐工艺品的主要城市。能工巧匠云集苏州，各施其能，促进了吴地文化教育与艺术活动的普及昌盛，涌现了一大批书画家，书画装裱也得以蓬勃发展。

明代是装裱技艺发展的一个重要阶段。吴门书画的兴盛，使得清新淡雅、别具一格 的“苏式装裱”横空出世，驰名四海。吴门书画家往往与装裱师结成良师益友，礼遇裱工；裱工也因此受到鼓舞，努力提高装裱技艺和品位，使自己的裱技更符合文人的鉴赏观。这一时期“苏裱”逐渐定型，形成了具有浓郁地方色彩的装裱式样，相关专著也随之出现。明清以后，装裱技艺形成了苏、沪、扬、京四大流派，而尤以“苏裱”（又称“吴装”）为著，享有“吴装最善，他处不及”之美誉。常熟隶属苏州，其书画装裱技艺和风格源于“苏裱”，选料精良，做工精细，讲究纸绫绢锦的色彩搭配，注重配轴头、轴杆的选择，图案花纹追求对比和谐，整体格调淡雅素净；裱件干挺柔软，装制妥帖，整旧得法。在历史进程中，在常熟历代装裱艺人的不断摸索和创新下，常熟的书画装裱逐渐形成了独特的地方特色。

20世纪70年代以来，常熟工艺美术厂、常熟博物馆、常熟书画院先后建立，书画装裱从业人员大幅增长，并在继承传统装裱工艺及用料基础上，积极探索和改革，使常熟书画装裱技艺产生质的飞跃。全国各地慕名而来要求装裱的客户络绎不绝。常熟工艺美术厂涌现出一批优秀的书画装裱艺人。每年都有不少客户高规格地邀请该厂裱画师们上门服务，足见常熟书画装裱的不同凡响。

然岁月沧桑，进入21世纪，自工艺美术厂厂房拆除解体后，该厂装裱师们各自另起炉灶或另谋生路。由于书画装裱以纯手工操作，装裱材料费逐年增加，生产成本不断上升，加之价廉、便捷的新型书画装裱业的兴起，传统的书画装裱渐趋凋零、面临危机，保护和传承这一珍贵的传统技艺迫在眉睫。

◎ 常熟蒸菜烹饪技艺

苏州市级 / 传统技艺
保护单位：常熟市烹饪协会

常熟地处江南腹地，是鱼米之乡，历来物产富饶，丰腴富足，饮食文化源远流长。在历史的进程中，常熟人逐渐形成了“食不厌精，脍不厌细”的极致饮食追求。据传，常熟地区的做菜风格很大一部分来自明清两代太湖流域的船菜，讲究新鲜，追求精巧细腻，少用爆、炒而重在炖、焖、煨、焐。在烹调时用料严谨，刀工精细，清淡适口，四季有别。

常熟菜肴中的蒸菜，是一种传统菜肴，主要流传于

董浜及周边乡镇；最初被常熟东乡地区的婚丧喜事宴请所用，现发展成常熟各宾馆、酒家的必备品，成为常熟地方餐饮的特色。

制作常熟蒸菜对厨师的手艺要求非常高，要求其对大灶、砧墩、炉灶的工序非常熟悉且老到：1. 大灶配高汤的水平决定蒸菜的好坏。高汤的制作非常重要，要将鸡、猪骨、猪蹄、竹笋、鸭子放入大锅内并加满水，用大火烧开，后用文火炖一个小时，加入新鲜的鸡血，把汤吊清，加盐、酒、葱、姜、味精，制作而成。2. 砧墩对蒸菜的装配要求影响到蒸菜的整体水平，要做到各种料粗细大小整齐均匀，盆面造型要好。3. 炉灶控制着火候，直接影响到蒸菜的色、香、味、形。

制作东乡蒸菜常用的工具有铁锅、木质蒸笼、砧墩、菜刀、花刀、笊篱、勺子、汤桶、锅盖、水缸、煤球、煤灶等，常用的调味品有葱、姜、料酒、味精等。

常熟蒸菜可分为干蒸、汤蒸、粉蒸等几类，以水传热，以木质蒸笼为介，使菜肴保持原汁原味且营养丰富。常熟蒸菜具有“精、细、雅、洁”的特点，用料新鲜、搭配科学、营养丰富、口味清淡、低脂低糖，且易于咀嚼，有利于消化和吸收。同时每道菜都有文雅的名字、出典或故事，如菊花爆鱼、招财进宝、金屋藏娇等，具有较深的文化内涵。

常熟蒸菜保持着食物的原汁原味和营养价值，是常熟菜肴中的亮丽元素，其成菜过程中的烹饪技艺，展示和体现了江南鱼米之乡百姓人家原生态的饮食文化，极具实用价值、科学价值和人文价值。常熟蒸菜中流传下来的传统蒸菜“老八样”，至今普遍受到常熟人民的欢迎和喜爱，常熟地区红白喜事都要以它为特色。但随着外来美食的进入以及现代人对餐饮多元化的需求，常熟蒸菜也受到一定的冲击。

◎ 石梅盘香饼制作技艺

苏州市级 / 传统技艺

保护单位：常熟市圣百合食品有限公司

石梅盘香饼是苏式糕点的重要一脉，历史悠久。相传梁昭明太子在常熟石梅读书时，一店主特为太子制作了这种饼，很受太子欣赏。此饼以精细面粉制作而成，绕成盘香的形状，然后放于炉火上烘烤，因形状似盘香又出产于石梅，故被命名为“石梅盘香饼”，后广为流传。在中华人民共和国成立前，由开设在常熟石梅的沈兴记馒饼店一个姓周的制饼师傅不断改进，风味尤佳。

石梅盘香饼选料慎重，工序讲究，系用精白粉、熟猪油、糖猪油、绵白糖、芝麻仁及饴糖等制作，先制干油酥，再和面揉剂子，将各色馅料包进面剂，同时插入油酥，搓成长条，盘制成盘香状饼坯，刷饴糖稀，撒芝麻仁，再以独特技巧烘制，出炉后色泽金黄，外香脆、内酥松，上口甜，不粘牙。此饼出炉即食更觉松脆，味香可口，深受常熟和沿江一带张家港、江阴及隔江南通等地百姓的喜爱和欢迎，并远销华东及周边地区。

人们在礼佛上供、招待客人、走亲访友时均会选用石梅盘香饼。现今的石梅盘香饼制作越发精细，不仅造型更加美观，而且馅料种类繁多，诸如玫瑰、葱油、百果及椒盐等，风味迥异，能应人口味，被美食家誉为常熟食品一大特色；先后被评为江苏省、苏州市名小吃。1983年石梅盘香饼在苏州市名优食品评比中获“优良食品”称号，1985年被列入“中国小吃（江苏风味）”，1999年被中国烹饪协会评为“江苏名小吃”。

目前，常熟市圣百合食品有限公司作为石梅盘香饼的保护单位，借助社会力量，依托高校平台，传承发展石梅盘香饼的传统工艺，设立培训基地和研发中心，并在尚湖风景区、沙家浜风景区、国际服装城等旅游景点开设专卖店，为这一传统技艺开拓更为广阔的发展空间。

◎ 梅李木桶酱油酿造技艺

苏州市级 / 传统技艺
保护单位：常熟吉成生物工程技术有限公司

据《常昭合志》载，明末清初，梅李就有了自制酱油。而源于民间木桶酿造法的梅李吉成酱油至今也有150多年的历史，至今它的核心酿造工艺仍然是代代相传的手工技艺。

梅李吉成酱油是全国唯一采用木桶酿造的酱油。每只可盛20吨酱油的木桶，是采用纯手工制作而成的。其用料十分讲究，全部采用东北杉木，整只桶身没有一枚铁钉，就连桶外箍的环也是采用粉青毛竹制成的，这在全国也是绝无仅有的。

梅李吉成酱油的原料全是有机食品，它的发酵是纯天然的，最短的需要半年，全黄豆发酵要长达一年之久。

梅李吉成酱油的主要原料是优质的小麦和大豆，仓库内通风干燥，所储物品离墙、离地10厘米。待原料加工后，进入旋转式蒸锅（由传统蒸筒蒸煮生产工艺改进转化而来），豆粕一次蒸煮温度要达到80摄氏度，二次蒸煮温度要达到120摄氏度，然后进行真空冷却。小麦现改成炒麦机烘炒，为的是在传统工艺上增加酱香，然后按一定要求粉碎小麦，把粉碎好的小麦按比例放入已蒸好的豆粕中（旋转式蒸锅内）混合均匀，把处理好的豆粕与小麦的混合料放入制曲室（以前称霉黄房）。接菌培养是

制作酱油的关键工艺。梅李吉成酱油酿造完全保持了传统工艺。为了使酱糕有益地发酶，它需要堆积培养 36 小时，使其变为成曲（变酶）：0—9 小时不动，其温度控制在 30—33 摄氏度；16—18 小时，视曲酶生长情况进行第一次翻曲，翻曲后温度控制在 29—32 摄氏度；24—26 小时再翻曲一次，此后温度控制在 28—30 摄氏度最佳，随制曲时间延长，一般温度逐步降低至 23—25 摄氏度出料；最后加入定量的盐水，一般盐水浓度在 18.5 波美度左右开始化酱。梅李吉成酱油的原料都是有机非转基因的，所以它的发酵时间都在6—12 个月，其中第一个月温度控制在15摄氏度，待一个月后升至22—25摄氏度，直至 28—30 摄氏度保持到出料。转入压榨机后冲装布酱需 200 层 400 张布进行高压压榨，压榨出的酱油要在贮罐内沉淀一周后调整氨基酸态氮等含量，使之达到酿造酱油质量指标后再进行灭菌。循环灭菌时要求温度大于或等于 95 摄氏度。经过滤后，产品方可入库；贴上认证标签包装后，方可出厂。

梅李吉成酱油酿造工艺传统繁复，产品绿色环保，鲜而不腻，不但销往全国各地大中型超市，还远销日本、美国、意大利、西班牙、葡萄牙、德国、新加坡等国家。

◎ 苏派酿酒技艺·常熟福贞黄酒坐缸酿制技艺

苏州市级 / 传统技艺

保护单位：常熟市金桂酿酒有限公司

福贞酒，又名福珍酒、馥珍酒，是一种黄酒，常熟虞山佳酿，其坐缸酿制技艺是苏派酿酒的重要一脉，历史悠久，最早可追溯至唐代，盛于宋元，名于明清。嘉庆、道光、咸丰、同治、民国年间的地方志对它都有确切的记载和评价。古典小说《镜花缘》、名著《红楼梦》、章回小说《大光明王》、武侠小说《漉青红》等文学作品中，都有对福贞酒的赞美之词。清代袁景澜撰写的《吴郡岁华纪丽》记有“其酒醇厚，盛在杯中满而不溢，甘甜胶口，品质上焉”，由此也可见福贞酒的上乘品质与盛名。

清光绪三十四年 (1908)，福贞酒代表江苏省名产参加在奉天举办的华产商品陈列会，载誉而归。民国时期，该酒发展缓慢。中华人民共和国成立后，在政府的扶持下，常熟酒厂把分散的 250 家小作坊集中在一起，成立福贞酒车间，并聘请了技术人员，大大地提高了福贞酒的产品质量。福贞酒先后获得常熟市（县）、苏州市、江苏省乃至全国的优质产品奖并出口到国外。

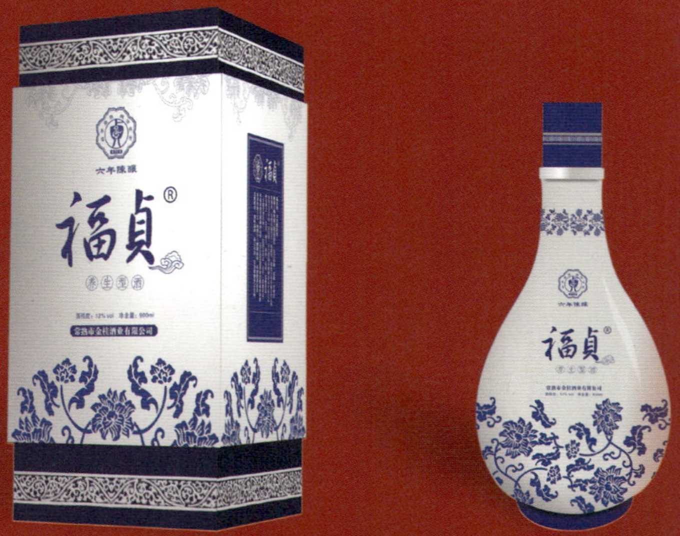

酿制福贞酒的传统工艺相当复杂，可简述如下：

1.选择饱满的米粒过筛；2.浸米；3.蒸饭；4.淋饭；5.拌药搭窝；6.放水、加曲；7.喂饭；8.开耙；9.坐缸养酪；10.灌酪、堆酪、后酵；11.榨酒：榨酒又要经过卸酪、灌袋、上榨、压榨、转榨、出榨等工序；12.澄清、勾兑；13.煎酒；14.堆桩储存；15.挂曲制备：应在农历八至九月间开始制曲，要经过小麦过筛、碾碎、拌曲、踏曲、挂曲培养、成熟、干燥、堆积存放等工序；16.官药备制：要经过辣蓼草煎汁、倒入籼米粉、拌料加药、切块、上筛着衣、入缸、保温培养、转气、出缸晒干、成药等工序，是酒药配方的工艺步骤，是为了保证福贞酒特有的香味。

采用传统工艺生产的福贞酒，色似琥珀，醇稠如蜜，微带橘香，酒性温和，芳香鲜爽，挂杯留壁，酒体晶亮明澈，酒精度在10—16度。其酒质的雅味特别适合江浙沪人的口味，适量饮用有益人的身体健康。

在千年的历史长河中，福贞酒积淀了深厚的品质和文化内涵，堪称江南福地的地方名酒，馨香久远。

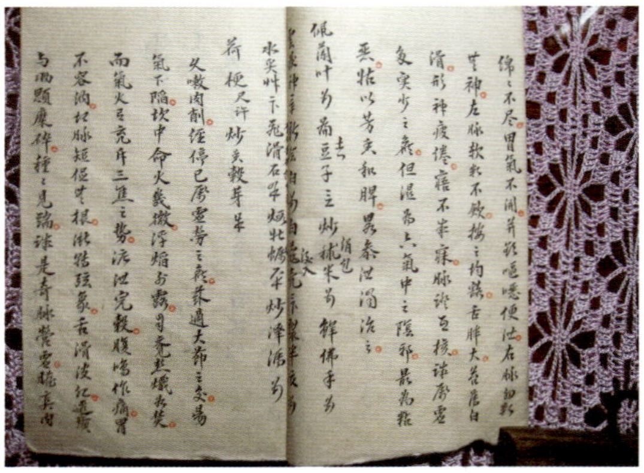

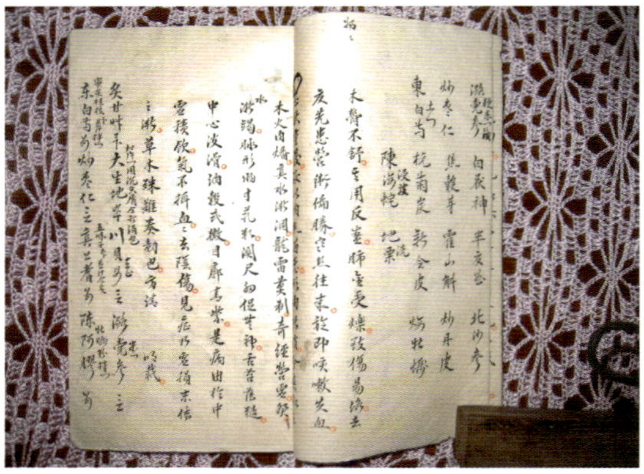

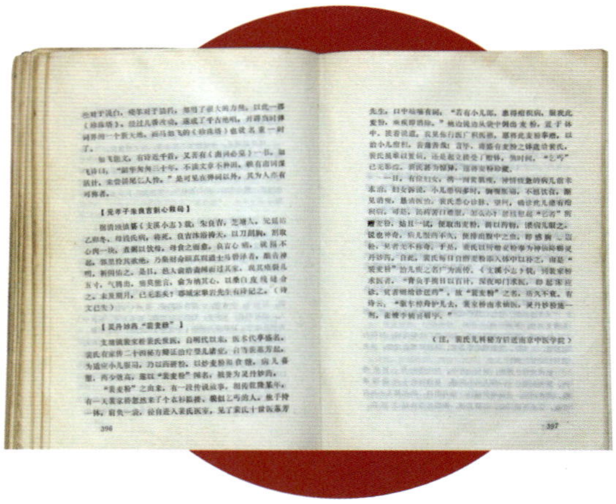

◎ 裴氏儿科

苏州市级／传统医药
保护单位：支塘镇文化站

支塘地处国家历史文化名城常熟东部，历史悠久，崇文尚教，中医文化底蕴深厚。

裴氏中医儿科，源自明代太医院医官裴昌原。裴昌原举家自浙江海盐徙至支塘赤沙塘，所居之地被老百姓亲切地称为“裴家桥”。裴氏世医，博大精深，尤以儿科著名。苏州城区、嘉定、昆山、常熟、太仓一带，远近百里，百姓每日备礼相请，或舟车踵门，或步行前来，络绎不绝；黑夜登门延请，无不立赴。裴氏为贫病者施药，名满江南。

裴氏中医儿科第十世传人裴惠芳（1736—1820），为乾隆、嘉庆年间江南名医。史载他“专治小儿疾病”。裴氏有家传二十四秘方辨治婴幼儿诸症。裴惠芳根据小儿因病不便饮药的特殊情况，炒麦磨粉，择相宜药品，拌匀，给病儿服用，获得奇效。老百姓遂将此药唤作“裴麦散”。清代里人姚柳堂赋诗称颂：“农船脱口载村鬟，水面相逢把话攀。李嫂张姨才熟悉，裴家桥去看儿还。”

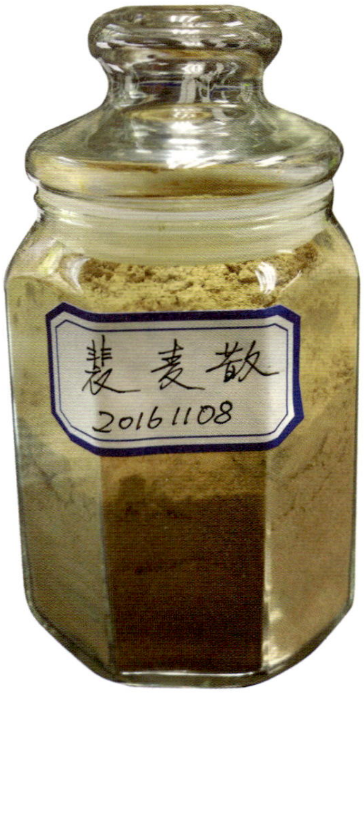

民国期间，裴氏传至裴鸿已十四世。裴鸿（1899—1962），字雁宾。祖应钟，父瑾怀，皆业医。裴鸿秉承家学，博采众长，为裴氏中医集大成者。他善治热病、杂症，论病处方，多宗叶天士。因药物灵验，民间有“裴老鸿一帖药”之说。裴鸿尤以儿科驰名，治小儿肺闭症，常用牛黄夺命散；遇慢惊风，每守许叔微之椒附汤。裴鸿辨证遣药，功力独到。门人整理《裴氏秘方》《裴雁宾医案》等，刊行于世。入门弟子有宗雨时、金文学、范天一等三十余人。传至当代，江苏省名老中医周本善（第十五代传人）为裴鸿得意门生。支塘人民医院退休副主任医师肖继贤（第十六代传人）为周本善高徒，曾在中医药杂志发表论文《补中益气汤古方今用 3 则》等多篇。

目前，肖继贤是支塘辖区内最有名望的裴氏儿科传承人。他继承了裴氏中医之精华，熟悉裴氏秘方，能熟练配制和脾散（裴麦散）等裴氏儿科类药物；在治疗伤寒、咳喘、肺结核等方面，经验丰富，心得颇多，有十余篇医学论文发表在省级医学刊物上。

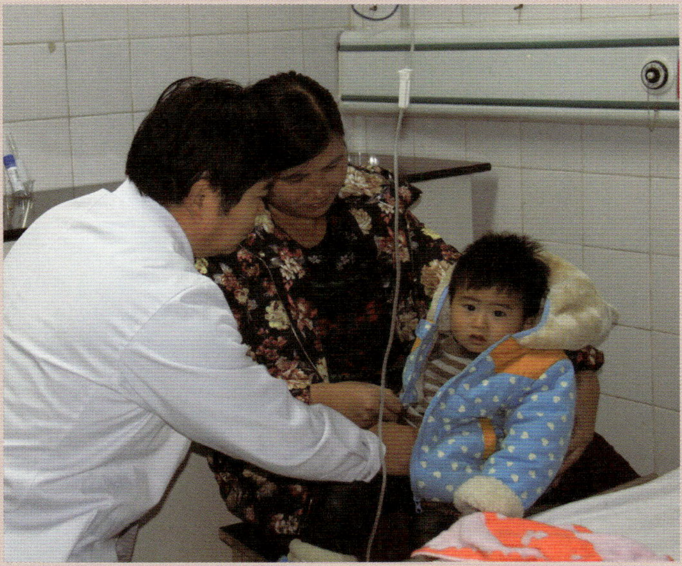

宝岩看杨梅烧莳香

苏州市级／民　俗

保护单位：虞山尚湖旅游度假区管委会

宝岩湾地处美丽的虞山南麓，面湖背山，属北亚热带湿润区。这里植被繁茂，物产丰富，适合稻作物及杨梅生长。当地至今还保留着具有900多年历史的民间传统风俗——看杨梅，烧莳香。清康熙二十六年（1687）《常熟县志》记载：“五月中，宝岩杨梅极盛，游人结队往观，名曰‘看杨梅’。”民国初年《重修常昭合志》中也记载了常熟宝岩看杨梅的盛况。

宝岩寺位于虞山宝岩生态园，初名延福禅院，建于南朝梁天监年间；唐武宗会昌年间，几乎被拆毁，成为荒废之寺。在唐朝灭亡后的五代十国时期，有一位德高望重的大和尚希辩隐居于此。吴越国国王钱俶久闻他的名声，召他进京讲演佛法。希辩回常熟后隐居延福禅院，并把从京城带回的杨梅树种分给当地农民种植。经过一代代播种，如今在虞山宝岩湾已形成大片的杨梅林，可供游客和当地群众观赏及采摘。

在常熟，看杨梅的最佳时节是夏至以后15天，当地有“进莳门”的说法。此时正值当地农民莳秧结束，劳累了大半个月的农民把去虞山宝岩湾看杨梅当作最好的休闲放松方式，因而就有“莳完苗秧看杨梅”的说法和习俗。这种风俗植根于民间，与宝岩一带百姓的生产、生活密切相关，是中国古代传统农本思想的产物。活动所承载的农本思想，为研究江南水乡的农耕文化提供了范本。此外，在看杨梅时节，许多农户还纷纷前往宝岩寺烧上一炷清香，以祈求来年能够风调雨顺、谷物满仓。烧莳香形式多样，一般以街坊、村为单位，组织成香社。进香队伍绝大多数由农村男女组成，少则七八人，多则二十几人。进香队伍在高诵经文时，有笛子、小钟及木鱼伴奏。进香者也有独自前往的，即虔诚信徒一人从自家门口开始，头上戴一顶高帽，三步一叩首，一直到宝岩寺。

为了进一步弘扬当地民间传统文化，虞山尚湖旅游度假区在坚持保护、发展和传承的同时，充分依托优越的自然山水环境和深厚的文化底蕴，加快对旅游资源的整合，将传统文化与旅游发展相结合，已连续举办19届虞山宝岩杨梅节，以节造势，以节富民。

◎白雀寺庙会

苏州市级／民　俗
保护单位：虞山镇大义管理区文化站

白雀寺地处常熟大义管理区寺基村（现为中泾村），始建于南朝梁天监二年（503），比藏海寺、兴福寺历史还早，相传寺成之日有白雀来筑两巢，寺因此得名。之后，白雀寺历经宋、元、明至清乾隆时期，几度兴废。历史上，白雀寺颇具规模，传说有5048间房屋，僧侣众多，香火旺盛。翁同龢曾为此寺书写“白雀行窝”匾。《虞山镇志》《柳南随笔》记载：著名文学家王世贞曾作《重修白雀寺记》；陈瓒书有《海虞白雀寺碑》；王宠曾养病于白雀寺，留诗《白雀寺望虞山》及《白雀帖》，现《白雀帖》藏于重庆市三峡博物馆。中华人民共和国成立前，白雀寺留存山门、大殿等寺房50多间，后被改为粮库。1996年大义镇政府在原址重建白雀寺；1998年，中泾村筹建天王殿。今寺所悬“白雀寺”新匾系集翁同龢手迹复制。

白雀寺庙会始于明代，初时是大义寺基村百姓祭祀小王老爷神位的，逐渐发展为集礼佛、商贸、娱乐为一体的综合性庙会。白雀寺庙会在每年农历三月的十三、十四这两天。庙会时，村民们自发进行“行像”，即把各路佛像从社中抬出，汇集到白雀寺进行一定的宗教活动，所以也称“寺基庙会”，这在地方志中有记载。

白雀寺庙会的独特之处在于：抬各社神像必须经过香花桥，并且占据看戏的好位置；庙会当日村民们赶集进行货物交流，同时进行各种民间娱乐表演和体育竞技。白雀寺庙会举行时正是传统农业的春播时期，这为研究江南水乡的农耕文化提供了重要参考，也是佛教思想日常渗透的一个标本。

白雀寺庙会从明朝开始，历经清朝、民国，到中华人民共和国成立，一直兴盛不衰；后于 1952 年停办；1997 年经常熟市人民政府批准重建白雀寺后恢复举办，庙会结束过去的自发状态，进入新阶段。每到此时，各地香客、商贩云集于此，热闹非凡，成为大义及周边地区重要的民俗活动之一。

常熟非物质文化遗产名录图典

常熟市级项目

The Dictionary of Intangible Cultural Heritage

◎ 常熟方言

常熟市级／民间文学
保护单位：常熟市民族民间文化保护办公室

江苏常熟位于长江三角洲中部，历史悠久。考古发掘资料证明，5000多年前，常熟已有先民居住。商末，泰伯、仲雍让国南来，给常熟带来了周地（陕西岐山）的语言。东晋、南宋等几次大规模的北民南迁时，由于常熟特殊的地理位置和环境，许多中原人民受吸引前来定居，又把中原话融合到常熟话中，形成了常熟方言的独特性和丰富性。

常熟方言是吴方言的重要一脉，基本内容有语音、语汇和语法等方面。历史上，常熟方言吸纳了历代的中原语言，比其他语言更富有特色。一是俗语数量多，动词、形容词词汇丰富，能细致入微地反映世界的万事万物和人类的动作、感情。如在普通话中表示多的，仅有“许多”“很多”“甚多”等词；而常熟话表示多的词语有“海外”“浑忒”“交关”“豁边”“野豁”“行情”“行事”等，并且有些词还可以双声重叠，如“海海外外”“浑浑忒忒”“交交关关”等。二是词语生动形象，许多具有比喻、模拟性质。如保证把事办成曰“包拍西瓜”。“包拍西瓜”的本义是保证帮你买个甜西瓜，常熟方言多用它的比喻义，即保证把事情办成。诸如此类，数不胜数。

常熟方言由于是在大量、多次地吸收和融合先秦、汉、唐、宋时期北方通语的基础上形成的，所以至今还保留了许多中原古语、古音及古汉语中的八个声调，这在其他方言中已很难见到。用常熟话可以较容易地分辨古时四声，读起古诗词来能比较正确地分出平仄。比之其他方言，常熟方言语音更显得古朴厚重；语汇更丰富多彩；多生动形象的谚语、惯用语，如“趁势踏沉船”“青竹头掏屎坑”“撤烂污”“撇汤油”等。

常熟方言保存了大量的古代语言，这些语言就像文物，对其进行研究，可以了解和认识历史上常熟乃至北方地区的历史文化、生产生活、风俗演化、社会经济发展情况，有利于研究、解决汉语语言文字中一些疑难问题及古代读音，并能丰富汉语语词宝库。

常熟方言是常熟的群众语言，是千百年来常熟人薪火相传并使之日益丰富完善的语言。所以要说传承，年岁大一点的常熟人都是常熟话的传承人。但随着时代变迁，常熟方言正在逐渐式微。可喜的是，不少常熟籍专家、学者致力于常熟方言的保护和研究，相继出版专著《吴方言词考》《常熟方言字词考》和吴方言小说《何典》等。这些研究成果，对弘扬和传承常熟方言产生了广泛而积极的作用。

虞山诗派

常熟市级／民间文学
保护单位：菱花馆艺文社、常熟市诗词协会

明末清初，常熟形成了一个称雄全国诗坛的重要流派——虞山诗派。其开派人物钱谦益，是那时最负盛名的文人，被誉为“东南文宗”。其门生和后人冯舒、冯班、瞿式耜、钱曾、钱陆灿、吴历等，均为当时虞山诗派的中坚，对整个东南诗坛影响深远。虞山诗社创始人之一陆宝树（清末曾任太仓学正）所著《樵庵诗话》记载，常熟诗词作者遍布城乡，至今吟风犹盛。

虞山诗派代有传人，一如长江广流，绵绵不绝。较著名的有翁同龢、张鸿、孙雄、杨云史、钱仲联、曹大铁等，后两人被列入“中国当代旧体诗词十大作家”，遐迩闻名。虞山诗派传世佳作不胜枚举，蔚为大观。宗师钱谦益撰《初学集》《投笔集》等；清康乾时期的王应奎搜罗遗佚，结集编著《海虞诗苑》18卷；清两朝帝师翁同龢著《瓶庐诗文稿》；当代名家曹大铁出版个人专著《梓人韵语》；等等。由此足见虞山诗派剑气长虹，硕果累累。

虞山诗派以其独有的创作特征和诗歌宗趣，强调了时代、际遇和学养的重要性，建立了“有本”的真情论，达到了性情、世运、学养三者并举。《明末清初江苏诗歌总集》《海虞诗苑》等均对虞山诗派及诸多诗人的创作特征、诗歌宗趣，做了较为详细的记载。虞山诗派诗风取诸家之长而自成风格，哀时忧民，开一时风气，对东南诗坛的繁荣和发展，做出了不可磨灭的贡献。

虞山诗派改变或匡正了明代后期的拟古主义诗风，其为时事而创作的创作风格，引领了清初诗词创作理论的革命，繁荣了有清一代的诗歌创作；追唐宗宋，学古而不泥古，能取诸家之长而自成风格，为中华诗坛的繁荣和发展开辟了新途径。虞山诗派的思想认识、创作风格、艺术特色、审美情趣及师承特点等，绵绵厚重，独树一帜，至今余馨不绝，具有重要的历史文化和艺术价值。

1920 年，常熟建立了一个规模宏大的虞山诗派创作团体——虞山诗社（简称虞社），全盛时会员多至八百余人，并出版较有代表性的文学刊物《虞社》。1956 年，常熟市政协建立诗词组。20 世纪 80 年代，常熟成立“红豆诗社”，后在此基础上升格建立市诗词协会。当今以曹大铁先生的门人弟子为主体，建立菱花馆艺文社。目前，该两社团为虞山诗派传承发展的主要载体。

◎ 姜太公的传说

常熟市级／民间文学

保护单位：虞山尚湖旅游度假区管委会

尚湖位于常熟境内中部，在常熟城的西边，虞山脚下。尚湖独特的地理位置形成了它特有的人文风貌。常熟境内较大的湖泊主要有尚湖、昆承湖、南湖，尚湖之水主要来自虞山之泉水和西北部的田地之水。

常熟千百年来流传着许多神话传说，其中妇孺皆知的要数“姜太公的传说”了。这个传说自古在虞山脚下尚湖风景区一带就有很响的名气，也是常熟人家喻户晓的传统民间故事。

有着“千古一相，百家宗师”之称的姜太公，姜姓吕氏，名尚，字子牙，是中国古代的一位杰出的韬略家、军事家与政治家。历代典籍都公认他的历史地位，儒、道、法、兵、纵横诸家皆追他为本家人物，使得他被尊为“百家宗师”。据史料记载，姜太公与常熟虞山尚湖颇有渊源。《孟子·离娄》篇和《孟子·尽心》篇中都提到“太公避纣，居东海之滨”。《史记·齐太公世家》写道：“太公望吕尚者，东海上人。”唐代陆广微《吴地记》中记载：“（常熟海隅）山东二里有石屋，太公望避纣之处。”宋代龚明之在《中吴纪闻》

中记载："海隅山有石屋十所，昔太公避纣居之，孟子谓居东海之滨者，此也。"据有关专家考证，这个"东海之滨"就是常熟的虞山。历代常熟县志中都有记载太公避纣隐居虞山石屋之说；有的志书称虞山东侧的石屋洞即为太公所居石屋之一，还说因为太公曾经垂钓于西湖，故西湖又称尚湖。诸多史料说明姜太公避纣隐居虞山的说法并非后人凭空捏造，而是有据可依的。

"姜太公的传说"主要讲他隐居常熟生活时的一些小趣事，如小石洞的传说、尚湖麦钓的传说、姜公宴的传说、"福海"的由来等。这些传说既有史料佐证，又带有一些传奇色彩，有一定的历史价值和人文价值。"姜太公的传记"是颇具神话色彩的系列传说，以真实人物为素材，经艺术加工附会而成；以姜太公的足迹为主线，以他隐居生活中发生的一些故事为原型而形成系列故事；群众集体口头创作、口头流传，并不断地经群众集体修改、加工，具有口头性、集体性、类型性、变异性等特征，具有重要的历史文化价值。

泥马渡康王的传说

常熟市级／民间文学

保护单位：碧溪新区文化站

“泥马渡康王的传说”流传于常熟浒浦、碧溪、师桥、梅李一带，尤以问村集镇周围为主，流传不绝，影响颇大。

该传说产生于南宋，一直流传至今，在老百姓的口头传承中延续，新编的地方志书亦有记载。传说基于史实，结合本地的风土人情、地名转化、名人传记及民众创作而成。相传北宋靖康年间，宋徽宗赵佶、宋钦宗赵桓被掳，北方江山已倾，金兵南侵日烈。时康王赵构在扬州驻守，与群臣密议，欲渡江南下，凭借长江天堑御敌，以保大宋江山。康王文臣季陵、武将王凯等，分析形势，均认为取道扬州—镇江—杭州线不可行，因为金兀术早有预谋，恐难脱身，还是东进寻机渡江为上策 。于是康王赵构携文臣武将，为挣脱金兀术的藩篱，星夜兼程东进，来到苏北大安港，人困马毙，就在大安港白马寺憩歇。康王赵构梦中受菩萨指点，可骑庙内白马渡江，惊醒，随即骑马扬鞭越江至苏南浒浦口上岸，见此港口水深港阔，是兵家必争之地，于是，留武将王凯驻守

浒浦，其余人等继续南行；又遇一河挡道，正寻思踌躇间，忽见一石桥从河底浮起，康王赵构策马过桥，桥面石上竟留下三个深深的马蹄印，此桥得名“御渡桥”。过河后，康王赵构见一宛如桃源的村落，问一村人：“此村何名?”后人因康王赵构所问，遂将孟村改名为“问村”。康王赵构一行人继续南行，在荷花池畔稍歇，马饮荷花池水后，即化为泥墩，遂留下“马化墩”的陈迹。

“泥马渡康王的传说”除康王赵构骑泥马横渡长江的故事本身外，还包含“问村由来的传说”“马化墩的传说”“御渡桥的传说”“南渡世家的传说”“问村十八景的传说”等一系列富有江南文化特色的传说故事，每一个都渗透着吴文化的底蕴，蕴含历史文化、礼乐文化、生态文化，展现一方风情，彰显一方文化品位。

在江苏省境内关于“泥马渡康王的传说”几个地方都出现过，但常熟问村的传说较靠谱，形成系列，有文字记载，有实物实景，有留存遗迹，口碑凿凿，流传至今已形成一组较为完整的系列故事。

“泥马渡康王的传说”系列故事，每则故事各自独立，但又前后有因果联系，题材面广，构思精巧，形式活泼，篇幅精短，文雅动人。百姓乐道相传，相沿千年。

◎白茆塘的传说

常熟市级／民间文学
保护单位：古里镇文化站

白茆塘又名白茆港、白茆浦，西起常熟城区小东门，向东流经常熟五个乡镇，于姚家滩注入长江，是条有着古老历史的河道。据有关记载，五代吴越时期白茆塘就为海虞二十四浦之一，历代名臣曾先后主持白茆塘疏浚，其中有宋朝范仲淹，明朝夏元吉、周忱、况钟、海瑞以及清朝林则徐、丁日昌等。钱谦益在《国初群雄事略》卷七记载："士诚遣人浚常熟州白茆港。"泰定间，周文英《奏记》谓："水势所趋，宜专治白茆、娄江。"《三吴水利论·白茆谣》曰："白茆夫，何蚩蚩，锄版插二十万，尽是吴中一十二郡良家儿。"又谣曰："好条白茆塘，只是开不全，若还开得全，好与西帅歇战船。"这是记载元至正二十四年（1364）冬，张士诚动用民夫十万开白茆塘过程的具体内容。

白茆塘自古以来就是流域两岸人民的母亲河，也是常熟文明的源头之一。在漫长的历史岁月里，产生了如"白茆塘的来历""海瑞开白茆塘""鲇鱼口""廿五口""天缺""五龙泾"等许许多多关于"白茆塘的传说"的民间故事，并且内容不断得到丰富发展，深深植根于白茆塘流域，流传辐射至常熟及周边县市。

“白茆塘的传说”主要特征是：故事的主人公一般是动物或者是历史上知名的人物，如海瑞、严嵩等；事件发生有具体的时间和地点，有的还是涉及国家、民族的重大事件，而人物活动或事件发展的结果也常与某些历史、地理现象及社会风习相附会。

“白茆塘的传说”褒扬真善美，崇尚英雄主义和献身精神，对弘扬优秀的人文精神有积极的意义。“白茆塘的传说”蕴含的历史文化信息量巨大，有利于我们深刻理解乡土文化和民族精神，使民众在传说的字里行间自然升腾出热爱故园的乡土情结。

徐桥荡湖船

常熟市级／传统舞蹈

保护单位：海虞镇文化站

千年古镇海虞，地处常熟最北端，与张家港接壤，隔江与南通相望。人文底蕴深厚，民风淳朴。

清道光、咸丰年间，海虞镇徐桥村村民陆法男、马元元等人自发组织了民间演出队伍，自编自导自演荡湖船。在历史进程中，该项目不断丰富发展，并逐渐形成独特的表演形式，流布于海虞及周边乡镇乃至邻县张家港东沙、妙桥等地，名噪一时。

徐桥荡湖船，橹长三米，船身小而精致，均为木制；船底装有两轮，以便表演时拖动。演出共分四大角色：小搭子（即小丑）、摇橹、吊浜（摇橹人的搭档）、船上阿姐。其中摇橹需两人共同进行，其余角色各一，并加以配乐，一般需要二胡伴奏两名及打板一至二人。

徐桥荡湖船表演时，只有一只船，在演出时用橹拖动，如水中摇船般边行进边表演。人物配以鲜艳服装，头戴西瓜帽；角色分工明确，且男女反串。表演以喜剧为主。小搭子手持破扇，眼戴墨镜在前引路，边唱边演，演唱内容通俗易懂，诙谐幽默。其余角色均表演各种滑稽的动作。唱词内容面广量大，并随时代发展而不断更新，源于生活，高于生活。歌曲有《十张台子》《十把扇子》《西湖栏杆》等。随着时代变迁，又唱起《毛主席来了领导好》《无锡景》等脍炙人口的曲目段子。有时也会即兴配词，以二胡与打板配乐，形式生动活泼，深受群众喜爱和欢迎。

徐桥荡湖船在结构、动作、道具、唱词、曲调等方面具有江南水乡传统舞蹈的特征。它活跃于庙会、游艺、节庆等民间活动中，是苏南地区独具魅力的民俗风情中一大亮点，折射出邑人的思维、审美、娱乐等方面的神韵。在社会的变迁中，其内容不断融入各个时期的新意，可称得上是一笔活态的历史文化财富。

徐桥荡湖船作为一项雅俗共赏的群众性文化娱乐活动，是本市民间庙会活动中约定俗成的主体内容之一，能引逗观众开心、发笑，可给广大观众很好的艺术享受。

目前，徐桥荡湖船老一辈传人虽年事已高，但仍在民间节庆活动期间自发地组织艺人进行表演，并领衔参演。农闲时，他们对一批自愿学习荡湖船艺术的青年人开展“传帮带”活动，培养接班人。

童子开刀

常熟市级／传统舞蹈

保护单位：碧溪新区文化站

童子开刀是常熟、太仓一带渔民举行“太平龙王会”或“天妃娘娘”祭祀仪式时的主要形式，也是渔民出海前为保佑平安、祈求丰收而进行的一种祭祀活动。

在民间，以“童子”作为主祭的现象由来已久。据传，浒浦地区的“童子开刀”源自唐初丞相魏征第九子魏旭为父解忧，登坛火化，请神下凡，治愈唐太宗母亲之病的民间故事。因魏旭年幼，故被称作“童子”。于是，后人凡有驱邪除疫、趋吉避凶之事也都扮作童子，并以刀割手臂滴血为祭，便有了“童子开刀”的传说。清末民初，这一习俗随着苏北地区的渔民传入江南，应用于渔帮和渔民的“太平龙王会”的活动之中，成为一种具有浓厚宗教祭祀和帮派色彩的民间文化仪式。而其中最兴盛之地，便是常熟浒浦港口地区。苏北地区渔民大量涌入，带来了当地的传统舞蹈，此舞蹈与苏南渔民的道教礼仪融为一体，便形成了“童子开刀”独特的舞蹈样式和独具一格的祭祷方式。

其仪式共分为五道“关目”——开坛、发“表”、念彩、念香、开刀。负责主祭的童子在锣鼓声中，唱念舞蹈，祭拜神灵；其他船员和船主则和声颂唱，虔诚配合。

20 世纪初，经过唐如云夫妇和徐开明、徐贵银父子几代艺人的传承和发展，“童子开刀”舞蹈在曲调上更多地借用了浒浦渔歌或当地渔民号子的特色，在刚劲粗犷中融入些许抒情、柔和的韵味；在唱词上，原以古代人名或祈福居多，后逐渐发展为以斗风浪、获丰收的祈盼心声为主，颇具讴歌特点；童子的奔跳，融入了更多的舞步变化，彰显出渔港舞蹈的特色，其中主祭童子所表现出的刚健强韧、虔诚热情尤为突出。整个过程既按部就班又严谨和谐，配合默契，兼具苏北之粗犷与江南之柔美，堪称独具神韵的江南民间舞蹈样式。其丰富的宗教和文化价值对于考察苏南沿江港口地区的民间舞蹈和当地的民俗风情，都具有重要的参考价值。

◎ 虞山画派

常熟市级／传统美术
保护单位：常熟博物馆、常熟市书画院、常熟市美术家协会

形成于清初，发轫于江苏常熟的虞山画派是中国传统文人山水画正统画派之一，其对当时画坛影响之广及对后世影响之深远，均为画派中罕见。

“元四家”之首邑人黄公望首开虞山画派之端，他的绘画理论和创作开创了明清山水画的新纪元，其《富春山居图》是中国绘画史上的巅峰之作。元以后凡有山水画的地方，就有他的影响存在。

300年后常熟又出了一位“黄公后身”的王翚（字石谷）。王翚年轻时，在恩师王时敏、王鉴指导下，以明末董其昌“与古人血战”“集其大成，自出机杼”的理念为目标，致力于重构山水画风格的系统化进展，将南宗和北宗的画风做新的综合。青年王翚以绝人之资和过人之学“罗古人于尺幅，萃众美于笔下”，以元人笔墨将宋人丘壑变成符合“清真雅正”格调之作，已臻清丽而古雅的极致，从学者有一千多人，并出现了一大批成名弟子，遂形成以“虞山”命名的画派，和太仓王原祁代表的“娄东派”共同成为清代主流画派。画派纯正，为世楷模，在清代近300年间代有传人，声望不坠，用方薰的话说：“海内绘事家，不为石谷牢笼，即为麓台械杻。”王翚本人被誉为“清初画圣”。

虞山画派的风格尚清丽、遒润、古淡。和所有传统国画一样，虞山画派先师古人，进而师造化，最后达到“外师造化，中得心源”；作为文人山水画，主张以诗入画，重意蕴。虞山画派属董其昌艺术共同体，以书法入画，重笔墨美。作为虞山画派的特色，山水画水墨、浅绛、青绿、没骨各体俱擅，面目多样，一般都能雅俗共赏。

后虞山画派一度衰落，但其余泽还沾丐着后人。海派山水画名家如吴湖帆、冯超然、张石园等无不从王翚起步，辗转多师，遂成一代名家。

历史总是向前发展的，近年来，随着国家加大对优秀文化遗产的保护力度，美术界相继召开了“黄公望绘画艺术研讨会”和“四王绘画艺术国际研讨会”，重新确立了虞山画派在中国绘画史上应有的地位；常熟也相继建立了集展示、研究、培训、交流于一体的王石谷纪念馆和黄公望纪念馆，为虞山画派的保护和传承营造了广阔的空间。虞山画派渐已成为常熟这座历史文化名城和江南文化的重要品牌。

◎石栽盆景造型技艺

常熟市级 / 传统美术
保护单位：虞山尚湖旅游度假区管委会

石栽盆景是用山石来种植树木的一种盆景形式，与常见的树桩盆景、附石盆景、树石盆景等均有所不同。后者皆以盛有泥土的花盆为依托，而石栽盆景不用花盆，而是在一块整石内部挖洞，填入石屑混合物，种植树木制成。因其可以长期放在水中培养，故被称为石栽盆景。目前，石栽盆景主要分布于虞山尚湖度假区甸桥村、拂水山庄等处。

石栽盆景起源于中国，在唐代就已成熟，唐代章怀太子李贤墓壁画上描绘的盆景便是最好的证据。明末清初，常熟钱谦益的拂水山庄、绛云楼藏有大量的石栽盆景；其夫人柳如是吟有描写石栽盆景的诗篇，显示了石栽盆景多姿多彩的风貌。相传，钱、柳相继去世之后，在拂水山庄管理花园的花匠潘师傅回到了故乡梅李，从此制作石栽盆景的技艺就在潘家一代代流传下来，到民国初年传到其后裔潘有佳手中。潘有佳是一位画家，也是制作石栽盆景的高手。时有邑人管仲贤师从潘氏学画，也学石栽盆景制作，后又把此技艺传给其子管铁亚。管铁亚痴于这门技艺，所制作石栽盆景别具一格。其特点是树石结合，自然天成，石材讲究整块制作，小巧玲珑，可任意移动，既可室外观赏又可室内摆放。石栽盆景要求制作者不仅要全面掌握盆景的造型技艺，还须同时具备雕刻石材的技艺，因为雕刻是体现该盆景艺术的核心技术之一。

石栽盆景制作工艺流程主要包括：选石，一般以砂质岩和水成岩为主；相石与整石；制作石室。石栽盆景一般适相栽培，把数株待植的树木与石室相配，挑选最适宜的树木定植，依据树木根系分布

的位置，在石室的种植面上开孔植入树根，开孔数量根据树根数量而定，再用带子将树木与石室捆扎固定，然后从底洞理顺树根，填入石屑混合物培养土，盖上石门，用石灰加梅李沙调和，封闭石门的缝隙。

石栽盆景在生长期要适量施肥，每年要更换盆土。在选用树木品种方面，与普通盆景没有多少差别，常用的树木有松柏、紫薇、石榴、六月雪、枸杞等十多个品种。

石栽盆景是不同于普通盆景的一个门类。它不用花盆，树木直接从石缝中长出，清洁卫生；根据树与石各具的外形特征来进行艺术造型定位，艺术效果较佳；“湿法栽培”，直接放在池塘的浅水中，不用浇水管理。树石结合历来是盆景的最佳搭配，石栽盆景还可以在石壁上题诗刻字，使盆景艺术的内涵更加丰富，故而具有独特性、多样性、大众性的特点，有着较高的历史价值、人文价值、艺术价值和经济价值。

常熟竹编

常熟市级／传统美术

保护单位：梅李镇文化站、支塘镇文化站、尚湖镇文化站

常熟地处温带，属亚热带季风海洋性气候，四季分明，雨量充沛，竹子生长茂盛丰富，多数人家拥有竹园，竹器业兴盛，其中梅李竹编、尚湖竹编、支塘篮最具代表性，销售广，影响大。常熟及周边县市的农家几乎都使用该三处竹器制品。

史料记载：清末民国时期，常熟竹编相当发达，手工制作的筛、席等，以精细、耐用享誉吴地。常熟竹器制作已有百余年历史，全盛时期全市从事竹器生产的人员达万人以上，大多是父子相传，

目前尚有一些重点村寨还在以家庭作坊式生产。

常熟竹编为全手工制成，用料考究，一般选用本地多年生的粉青毛竹和上等老篾竹，工艺粗细结合且精湛，具有浓郁的水乡田园特色。制作流程包括选材，按产品大小断料、开片、削黄、劈篾、定样、制作、抽钢板、砂光、整理包装、套薄膜袋。

常熟传统竹制品形式各异、种类繁多，竹匠也有大作与小作之分。竹器品种包括：

1. 农村生产用具：司篮、簸箕、竹扁担、船篷、栈条、扛箩、竹梯子、淘箩等。

2. 日常生活用品：篾席、筛子、匾子、筲箕、大竹篮、小竹篮、竹架厨、小淘箩、竹躺椅、大竹椅、小竹椅、竹衣架、竹夹、竹抓背、竹筷、竹针、洗帚、斗笠、灯窝、发篓、笼罩、蟹篓、筲篮、饭筲箕、蒸架等。

常熟竹编显著特点是以“削、编”见长，用料好，尤其是昔时乡村婚嫁时那对细篾的“支塘篮”，更见编制工艺的精湛，是直到如今依然活态传承着的响当当的竹编“土特产”。常熟竹器美观、大方、简洁、精细，囊括了百姓日常生产生活的所需，因此具有较高的艺术价值、实用价值。

随着时代的发展和人们生活水平的提高，传统的手工竹器制品逐渐被机械化生产的塑料制品、木制品和金属制品所替代，一些篾匠纷纷改行，年青一代无人再愿意学习这一门古老的手艺，经济环保的常熟竹编逐渐淡出人们的视野，面临无人继承的尴尬局面。

◎泥塑雕刻技艺

常熟市级／传统美术

保护单位：碧溪新区文化站

“泥塑雕刻技艺”是我国一种古老常见的民间艺术。它以泥土为原料，以手工捏制成型，或素或彩，以人物、动物为主，历来在传统建筑中起着画龙点睛的作用。碧溪泥塑雕刻技艺主要流行于浒浦、碧溪、吴市、东张一带，并影响到常熟市周边乡村兴隆、大义、谢桥、莫城等地，乃至苏州南郊、太仓西部。

明清时期，由于官商富户大宅、庙宇寺观的需要，常熟泥塑雕刻流传很广。民国至中华人民共和国成立初期，浒浦镇上有北庙、南庙、戏楼，时常有各类戏曲演出。改革开放后，农村普遍造了三次住宅，基本每家都是蝴蝶小瓦屋面，多按传统习俗，在屋脊制作泥塑雕刻工艺品，逐渐形成了自己的风格。碧溪有沈宝师、李小二、张林师、范金林等老一代古建筑名匠。

碧溪泥塑内容有寺院类、庙宇类、私家住宅类的各种装饰样本。寺院类以佛教方面的内容为主，比如罗汉、观音等；庙宇类神仙、戏名、花草较多，有八仙过海、王母庆寿、三星高照、松鹤、松鹿、寿桃等；私家住宅有儒家内容的忠孝节义、渔樵耕读、五子登科，有传统戏剧人物、花草，有吉祥如意、凤穿牡丹、年年有余、鲤鱼跳龙门等，内容特别多。

泥塑技艺操作方法有两种：一种是建筑物上较小的，一般都是浮雕；还有一种是建筑物戗带脊头和佛像等全立体雕。泥塑大部分在古建筑的屋脊正中、二头、山墙尖、歇山部、山墙戗沿部。工具有灰板、泥板等。工序如下：1. 选放样、定尺寸，后选糙一点纸筋，按图形打底、压实，以防掉落；2. 刷底色水，待干后，再分色垫刷底色黑水；3. 修理装饰，塑像干后如有开裂收缩，就按原尺寸再修一遍，然后用熟桐油遍刷一次，待干后用猪血砖粉调刷全部体积，干后磨光刷白面漆底色，干磨后进行最后一道工序——彩画、贴金、刷，再开相完工。

作为传统古建筑不可缺少的一部分，碧溪泥塑有重要的装饰性，且形式多样、内容丰富，是一种被广大人民所喜欢和接受的民间工艺。

由于人民生活水平不断提高，以前屋脊上的泥塑不用了，砖雕龙门砖也不用了，因此泥塑已无法生存于民间房屋，唯有传统建筑公园、庙院寺观内还有其一席之地。

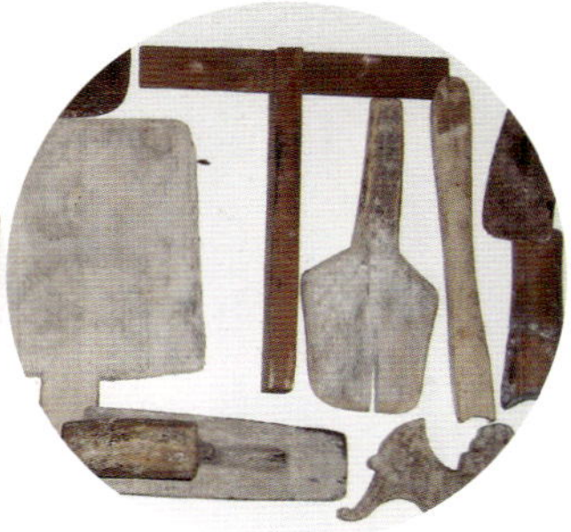

翻簧竹器制作技艺

常熟市级／传统美术

保护单位：虞山镇兴福管理区

翻簧亦称贴簧、文竹，是竹刻工艺中的一个尖端门类，在我国始于清乾隆年间，至今已有200多年历史。清乾隆年间湖南竹刻艺人王尚智创造发明了翻簧工艺和翻簧竹刻，这一技艺一经问世，其制品即成为达官贵人和文人雅士竞相收藏的珍品，并被定为清皇宫的贡品和外交礼品，现故宫博物院藏有许多清翻簧竹刻贡品。

翻簧竹刻在常熟起步比较晚，但心灵手巧的竹刻艺人在钟灵毓秀的常熟这块文化沃土上，不断汲取各种有益的艺术养分，加之不懈努力，创作出丰富多彩的各类艺术品，可谓光彩夺目。目前利用翻簧竹刻制作的工艺品主要有笔筒、折扇、宫扇、镇纸、臂搁、如意、拜帖盒、花瓶、台屏等，还制作成功了同行中从未有过的无接缝的圆形翻簧笔筒，遐迩闻名。

翻簧竹刻的制作繁复，流程达 80 多道，但主要体现在选料、制簧、成器、修饰等工序上。1. 选料：它是整个翻簧竹刻的第一步，在每年的大寒节气，选择径大节长，竹龄在四年左右的优质楠竹，

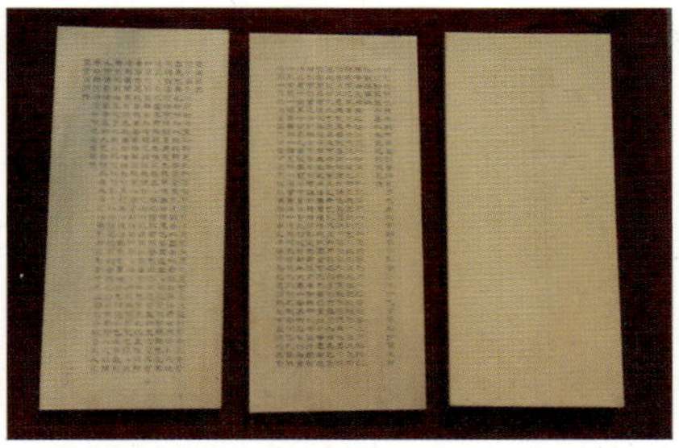

按竹节锯断。2. 制簧：它是翻簧竹刻的关键，没有簧片等于书画没有纸。取得竹筒后，要尽快将其外层剥去，制成2毫米左右厚的圆筒，把圆筒纵向剖开，用水加热，或用火烤，使之变软后再展开铺平，即成簧片。3. 成器：按设计或仿制要求，用高档木料制成胎具，将簧片胶贴在胎具上，或压制、弯曲成不同几何形状的器皿，具体可分为文房四宝、室内装饰、实用器皿三大类，有镇纸、笔筒、臂搁、室内壁挂、茶叶盒、糖果盒、水果盘、花瓶、台屏等200多种。4. 修饰：翻簧的修饰融入国画、书法艺术，借鉴国画的白描手法，有传统的单线阴刻技法，以阴线浅刻为主；有薄地浮雕，立体感比较强，层次丰富，给人以神韵美；也采用彩绘、火烙方法。制成的翻簧作品，就像缩小的立体国画。

集翻簧制作和绘画、书法、雕刻、彩绘、火烙诸艺术于一体，因神韵与典雅而成为宫廷和民间文人雅士至爱的翻簧竹刻制品，具有重要的文化艺术价值、实用价值、经济价值及收藏交流价值。

黄杨木雕技艺

常熟市级／传统美术

保护单位：虞山尚湖旅游度假区管委会

黄杨木雕是常熟木雕工艺的重要组成部分，主要分布在虞山尚湖旅游度假区的甸桥村，影响遍及常熟及周边县市。

明代时期，苏作明式家具兴起，心灵手巧的常熟木雕艺人在雕刻家具的同时也取黄杨木雕刻摆件。入清以后，红木进入中国，艺人在深色的红木板面上镶嵌黄杨木雕，红黑色与淡黄色形成了强烈的对比，使家具别具特色，这是黄杨木雕的又一创举。另外，黄杨雕刻小件也更趋成熟，品种不断增多，有各种屏类、文房用品类、文房清供类、橱柜摆设类，也有掌中盘玩类。

晚清时期，上海有位木雕艺人姓唐，广收门徒。1918年有江苏泰兴人薛子庭去上海学艺，拜唐师傅为师，学习黄杨木雕和红木雕刻，学艺满师后，1925年来到常熟，在大东门外开雕花作坊，收徒传艺，从事黄杨木雕和花板加工。1973年，68岁的薛子庭收了最后一个徒弟钱如祥。钱如祥由于对雕刻技艺十分喜爱，又用心钻研，深得师傅喜爱，尽得师傅真传，在黄杨木雕技艺上打下了坚实的基础。1976年满师后，钱如祥进入常熟"真善美"旧货店，为明清红木老家具做雕刻修复。20世纪90年代，钱如祥开始专业从事黄杨木雕行业一直至今。

黄杨木雕的基本特征为：圆雕类光滑、圆润、饱满、造型奇特、刀法简练、有流线美，平面雕或镶嵌类构图工整、雕刻精细、层次分明、物体造型准确、人物面相逼真、衣褶线条流畅。黄杨木雕还有一个特征为拥有清雅的淡黄色，有别于紫檀木的黑色、红木的深红色。黄杨木雕具有艺术价值、观赏价值、收藏价值。

目前从事黄杨木雕的艺人年龄普遍较高，年轻的木雕工作者缺乏黄杨木雕的知识和技巧，业内缺乏承上启下的中坚力量。另外常熟本地黄杨价高难求，导致艺术品市场上出现以假当真、以次充好的混乱现象。

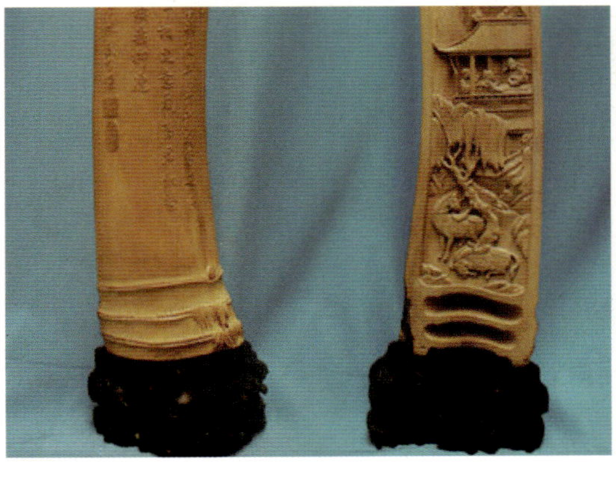

玻璃画工艺

常熟市级/传统美术
保护单位：古里镇文化站

玻璃画工艺起源于清代末期，起初主要是由几个民间绘画艺术家一起探索运用中国画的绘画手法去制作玻璃画。目前以白茆紫芙社区王氏家族玻璃画为代表。

王耀祖生于1896年，从小喜欢画画，成年后对玻璃画产生了浓厚的兴趣，逐步开始钻研、探索玻璃画技艺，后来其子孙王永昌、王永安相继学画和玻璃雕刻技艺，王氏家族的雕刻技艺也逐步走向成熟，成为当地比较有名的玻璃画匠家族。发展到现在第四代传人王利亚时，王氏玻璃雕刻技艺已完全成熟，创作的玻璃画作品先后被美国、日本、澳大利亚、马来西亚、韩国等国的收藏家收藏。2000年，王利亚作品《觅》在第一届“苏州市能工巧手作品大奖赛”中荣获金奖。

古里玻璃画工艺采用各种彩色玻璃为原料，运用金刚钻精雕技术和玻璃涂料喷绘技术相结合而成。玻璃画画面的雕刻，首先要通过采风、构思、打稿、修改、定稿，再进行科学合理的选材，最后进行雕刻。在雕刻时通过运用精雕技术，雕出深浅粗细不一的线条和块面层次，使雕好的画面既具国画的审美效果，又极具立体感。

玻璃画画面的设色，完全用手工绘制完成。设色的方法：在传统工笔绘画中的层染平涂法基础上，结合喷绘的技艺，用喷枪层喷和平喷。一般设色过程是先浅后深、先轻后重，整体调整。

玻璃画取材丰富，花、鸟、虫、鱼、人物、山水皆可入画，往往选用中外人士喜闻乐见的题材。

玻璃画工艺传承至现在已有100多年的历史，但由于主要是以家庭式的传承方式传承，而且对传承人的个人艺术素养及技巧要求非常高，因此，目前的生存状态很严峻。

◎ 尚湖龙舟赛

常熟市级／传统体育·游艺与杂技
保护单位：尚湖镇文化站

常熟龙舟赛由来已久，是一项深受广大群众喜爱的传统体育竞技活动，尚湖龙舟赛是其重要一脉。每年农历三月十四是尚湖镇北面冶塘大河龙舟节，农历三月二十四是尚湖镇南旺桥龙舟节。尚湖龙舟节俗称“看龙船”，距今已有两三百年历史。

每年的尚湖龙舟节，当地农民通过划龙舟活动祈求来年风调雨顺、五谷丰登。到竞赛那天，赛手们早早出发将龙舟划到赛地，先要祭拜一下当地庙宇里供奉的神像，再上船进行竞赛。配合龙舟赛的有档船，拳手们在船头上进行武术表演，如打对子、抡石担、舞飞杈、舞石锁、弄刀枪木棍，

引得两岸观众掌声雷动。参加龙舟赛的大多是年轻力壮的小伙子，每条龙舟上共15个人，其中挥旗手1人、掌舵1人、敲锣鼓1人、划桨12人。竞赛中，按锣鼓“咚咚锵、咚咚锵”的节奏，以协调划桨动作和鼓舞划桨者。龙舟赛从北泉桥出发，至李王庙结束。比赛分甲、乙、丙、丁四个组参加预赛，获得小组第一名者，再进行第二轮决赛，决出第一、第二名后，给予表彰奖励。

尚湖龙舟赛所用龙舟造型像龙，翘头翘尾，并插有红绿旗伞。一般黄龙舟配黄衣服、黄头饰，青龙舟配青色，白龙舟配白色。龙舟分属各家庭所有，按权属由各家子孙传承保管。

目前，尚湖龙舟传人有黄雪雪，年近九十，熟练掌握龙舟赛上的很多传统技能。1996 年恢复尚湖龙舟节后，老汉宝刀不老，似孩童一般积极参与并向年青一辈传授技艺。

◎ 沙家浜龙舟赛

常熟市级／传统体育·游艺与杂技
保护单位：沙家浜镇文化站

沙家浜镇地处长江三角洲的腹部，境内河港交叉、湖泊成群，是典型的水网地带。沙家浜龙舟赛是流布于该地区的一种传统体育、竞技活动，参与队伍主要包括沙家浜镇昆南村、昆承湖村、沙南村、芦荡村、横泾村、红石村、唐北村、朗城村、常昆村、苏南村、新湖村、华阳村、唐东村等的代表队。

龙舟赛作为中国民间历史上流传已久的传统体育和民俗活动，有两千多年历史。史料载，赛龙舟原是为了纪念爱国诗人屈原而兴起的，经历史的演化，现已成为民间活动的盛会。沙家浜龙舟赛历史悠久。沙家浜镇包括原来的唐市、横泾等乡镇，以前每年都要举办龙舟活动，观者人山人海。

《唐市志》中收有乡人许朝的《乡园杂忆 · 尤泾》，诗中写道：“烟波浩淼势滔滔，贾舶长征驾浪高。春社年年箫鼓聚，万人如海看龙艘。”民国时期，由于战乱，龙舟赛时办时停。中华人民共和国成立后，特别是改革开放后，沙家浜镇致力于龙舟文化的推广和发展，在传统佳节端午节期间举办了一系列具有较高水平和影响力的龙舟赛事，每年都将龙舟赛作为传统体育特色竞技项目来举办，享有“龙舟之乡”的美誉。

沙家浜镇的龙舟赛一年分两次举行，分别安排在五月和十月。每当此时，这里的人们早早做好准备，做龙舟、买彩布、绣龙旗、选服饰。一般是黄龙旗配黄衣服、黄头饰，青龙配青色，白龙配白色。龙舟赛时，赛手们早早出发将龙舟划到赛地，先是起早祭拜，后进行比赛。配合龙舟赛的还有船拳表演。参加龙舟赛的都是年轻力壮的小伙子，一条龙船共15人，其中挥旗手1人、掌舵1人、敲锣鼓1人、划桨12人。分组比赛，先参加预赛，

各组第一、第二名再进行第二轮决赛，比出冠、亚军。龙舟比赛中鼓声如雷，彩旗招展，甚是热闹。

沙家浜独特的自然地理环境，使得龙舟赛不断发展和壮大。沙家浜人民通过龙舟赛来祈求年年丰收，展示他们与自然抗争的能力，对弘扬中华民族优秀的传统文化具有重要意义。沙家浜镇全民参与龙舟赛，每个村和相关企事业单位都建有自己的龙舟队伍，目前已扩展为20余支，直接参与人数达500多人。

常熟鸭血糯制作技艺

常熟市级 / 传统技艺

保护单位：常熟市山景园菜馆、常熟市王四酒家有限责任公司

鸭血糯在常熟历史悠久，家喻户晓。据《常昭合志》记载，常熟盛产籼、粳、糯水稻，其中有一种叫鸭血糯的大米尤为稀罕和珍贵。其成熟时谷壳呈暗褐黄色，米皮为紫红色，米心为白暗紫色，米粒细长，色泽殷红，粒质透明，成品为紫红色。常熟鸭血糯因被列入贡品，又有“御米”之称，是一种名贵的粳性籼米。1922年，常熟鸭血糯在稻米评选中获大奖，被列入国际食谱；1962年，被选送万国博览会展出；1973年，在北京全国农业展览会上展出。经市农科所多年改良培育，1983年鸭血糯正式定型，称矮秆鸭血糯，并开始推广种植。

常熟王四酒家、山景园菜馆两家著名老字号菜馆以本地所产血糯、白糯为主料，佐以糖桂花、蜜枣、白糖、猪油等辅料，在民间传统烹调技艺的基础上，创制出口感独特的“血糯甜饭”，最为正宗，迄今已有百余年历史，享誉江南。“血糯甜饭”的特点是黏而不糊、甜而不腻、柔软可口、气香味丰、肥润盈口、性糯色喜、营养丰富，被列入《中国名菜谱（江苏风味）》。血糯除制作“血糯甜饭”外，还可做成“血糯八宝饭”“血糯米酒酿”“血糯糕”“红米酥”“粉圆子”等食品，并可酿制甜酒，配制老白酒，成为酒席和高级宴会上的一款佳品。

常熟鸭血糯富含铁、钙等矿物质和多种氨基酸，并含生物吡咯素，有食用、药用双重功能，被誉为养血健身的“补米”。百年传承，百年辉煌，脍炙人口的“血糯甜饭”不仅见于高档宾馆、酒家，也入寻常百姓家，成为人们喜闻乐见的一款特色甜点。

目前，除王四酒家、山景园菜馆有近10位师傅较好地掌握“血糯甜饭”传统技艺外，在民间农家婚宴上，也有诸多厨师能烧制出较为正宗的“血糯甜饭”，使大家能够比较容易地品尝到传统血糯饭。常熟市民多次把“血糯甜饭”评选为市十大传统美食之一。“血糯甜饭”渐已成为名城常熟饮食文化中标志性元素之一。

◎ 常熟羊肉烹饪技艺

常熟市级 / 传统技艺
保护单位：支塘镇文化站、徐市沈记羊庄、徐市哑巴羊庄

江南古城常熟，土壤肥沃，岁无水旱。这里水草丰茂，出产的山羊肉质鲜嫩、膏多脂少，是羊肉中的上品。在常熟，吃羊肉由来已久，最早可追溯到北宋时期，其中尤以支塘羊肉和徐市羊肉最负盛名，受到常熟民众的热烈追捧。

常熟支塘羊肉盛于清代咸丰年间，当时，福茂羊庄店主沈采亮创造发明了“久焖法”的烹饪新技术，又请竹匠用篾片制作了形似蚌壳的黄篮头，用荷叶将羊肉包扎好装入黄篮头，上面贴上印有“支塘福茂羊庄”的红底黑字商标。包装别致、口味鲜美的支塘羊肉立刻变成一种热销商品，渐渐成为江浙沪一带著名的土特产。徐市羊肉得名于清代常熟南门坛上君子弄沈记羊庄的创始人沈良友。沈良友精于烹饪羊肉，后成了徐市女婿，夫妇二人在徐市街上就地搭棚开起了羊庄店，生意十分红火。清代徐市文人对沈氏的羊庄有过赞美：“羊庄香溢徐市街，美味引来千里客。”

常熟羊肉选用本地壮山羊为原料，配上用陈年老汤勾兑成的汤水，放入大茴香、丁香、肉果、葱、姜、黄酒、盐等佐料，用猛火烧煮一个多小时并煮沸，然后再用文火焖煮两个小时，趁热将羊骨头抽去，将羊肉仔细理好，装进砂盆，浇上少许汤汁，冷却后便成了大名鼎鼎的常熟羊肉。

采用“久焖法”烧煮的常熟羊肉，烧成后皮红肉白、香酥滋醇、鲜嫩味美、酥而不烂、肥而不腻，颇具特色。

常熟羊肉主要分白切羊肉、羊汤、羊脚三类。

历史上，常熟支塘镇、徐市镇羊庄林立，名气较大的除福茂羊庄外，还有祥泰羊庄、周祥兴羊庄、鱼加兴羊庄等，制作的羊肉受到昆山、上海、杭州等地居民的欢迎。后来，常熟羊肉一度衰落。改革开放后，濒临失传的常熟羊肉又起死回生。

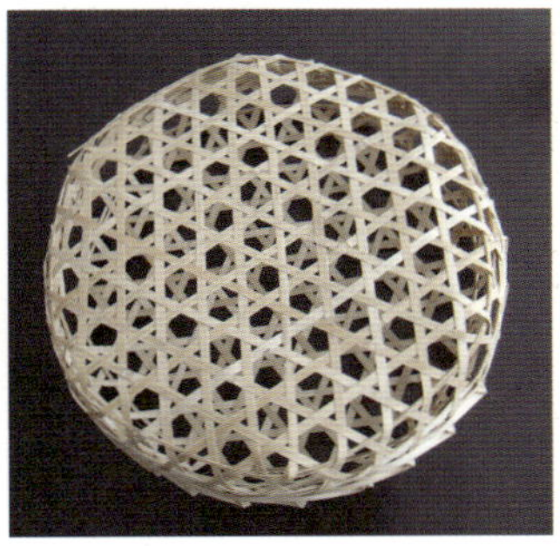

◎ 江南包袱锦彩绘制作技艺

常熟市级 / 传统技艺

保护单位：翁同龢纪念馆

江南名城常熟有着3000多年文明史和1700多年建城史。老城区虽历经千年沧桑，但至今仍保存着明清以来的古城风貌，小桥流水，粉墙黛瓦，古宅幽深。城区翁氏故居彩衣堂、赵用贤宅脉望馆及支塘镇姚厅、唐宅明厅等处木构件上至今保留着明代江南苏式包袱锦彩绘，其中尤以彩衣堂彩绘最为杰出。

彩衣堂彩绘采用当地的传统做法，分为上五彩、中五彩、下五彩三个等级。此外，还有“窝金”与“点金”做法。

常熟彩衣堂等保留的这些建筑彩绘，历经 400 多年仍能完好保存下来，在国内外的建筑彩绘上都极为稀有。它不仅做法等级高，操作工艺繁缛，制作手法灵活多变，而且在画面的题材上，不拘泥于程式，内容丰富多彩，构思巧妙独特，充分显示了常熟能工巧匠的无穷智慧以及技法的高超，体现了制作者丰富的想象力和文化创造力。

彩衣堂的彩绘代表了江南明代建筑彩绘的最高水平，堪称江南包袱锦彩绘的上乘之作，是苏式彩绘的优秀代表，具有很高的历史、文化、科研、艺术价值。

1991 年，翁同龢纪念馆在常熟翁氏故居彩衣堂成立。1996 年，彩衣堂被国务院公布为第四批全国重点文物保护单位。目前，翁同龢纪念馆已邀请国内文物界彩绘专家以及大学的专家教授共同合作，对彩衣堂的彩绘进行测绘、图案拍摄和临摹，对彩绘及木结构进行了清洗、加固、防腐、防蛀及保护处理，并将采取有效措施，逐步建立一支包袱锦彩绘的制作、维修队伍。

◎ 常熟红木雕刻

常熟市级 / 传统技艺

保护单位：海虞镇文化站、董浜镇文化站、虞山镇文化站

常熟是苏式红木雕刻的发祥之地，木雕历史悠久，底蕴深厚。据史料记载，从唐朝的皇宫到当今中南海紫光阁、钓鱼台等，陈设的红木雕刻作品很多来自常熟。自明代起，常熟能工巧匠遍布城乡各地，他们代代相传，出现了以雕刻“苏东坡游赤壁图”核舟而闻名于世的王毅（叔远），精于剔漆的杨士谦、顾思云，以及擅以红木制作家具小件，尤精案几制作并创立“虞山琴派”的严澂等彪炳史册的人物。清末民国初，常熟出现了一大批红木名店。现今，常熟红木雕刻遍及全市各镇，尤以虞山镇、董浜镇等最盛，涌现出一群勤劳、智慧的雕花艺人。他们继承了王毅的衣钵，活跃在当今木雕艺坛，其中尤以盛祖保、顾连元等较著名。他俩创作完成的盛世珍品——《千狮台》，创造了中国单项作品上的狮雕数量之最、中国狮雕造型之最、中国传统红木雕刻与现代红木雕刻审美情趣结合之最，并最终获得大世界基尼斯之最。

常熟红木雕刻，用料选取紫檀木、酸枝木、花梨木等名贵木材，工艺手法主要有阴雕、阳雕、镂雕、圆雕、浮雕、透雕及线刻等，工艺流程有原坯拓样、纹样粗凿、轮廓修饰、精工铲雕、修磨处理五个步骤。床、橱、台、桌、椅等大件组合均采用中国木

工传统的榫卯结构，严密无缝。雕刻后的油漆亦采用传统的髹漆与图漆，要经精打、细磨、上面漆、上色等十多道工序，然后连续上六七次生漆而成。大件所雕图案或松竹梅兰，或龙凤狮虎，亦有我国历史故事或民间传说，如《十八罗汉》《竹林七贤》《蟠桃会》等。红木小件（又称摆件）多以山水、云纹、花鸟、瓜果、蔬叶、虫鱼等为题材，雕制成文具用品、烟具、花插、碟架、瓶座、几座等，大小制品有近千个品种。

常熟红木雕刻，作品精工细雕，造型优美，结构牢固，风格雅致，栩栩如生，蕴含着古朴、典雅的传统气息，给人以赏心悦目的美的享受。内容多为反映民族精神、地方文化，寄寓一时一景、民众美好愿望的吉祥喜庆象形图案。历代常熟雕刻作品，宛如一幅幅精美绝伦的民俗文化风情画卷，极具历史价值、文化价值、实用价值、审美价值、收藏价值。

近年来，常熟红木雕刻虽受到不同程度的冲击，从业者锐减，但制作的作品愈发精细灵巧，为大家所喜爱和收藏。

◎ 虞山微雕

常熟市级 / 传统技艺
保护单位：虞山镇文化站

虞山微雕底蕴深厚，源远流长。《古文观止》载有明人魏学洢撰写的《核舟记》一文，专门记述著名虞山微雕大师王叔远代表作——核舟的巧夺天工、精妙绝伦：“明有奇巧人曰王叔远，能以径寸之木，为宫室、器皿、人物，以至鸟兽、木石，罔不因势象形，各具情态。……嘻，技亦灵怪矣哉！”王氏之核舟创作于1662年，迄今已近400年。

虞山微雕当代传人杨虞鑫娴熟地把虞山印派的传统刀法、技法等创造性地运用于精微雕上，并借鉴、吸纳其他地方微雕长处，形成独特的虞山微雕技法。其取材以印章石为主，也广撷象牙、珍珠之类，作品多为各色茶壶形摆件，微刻内容则取自名著中精华段落。在雕刻前，一是要做好刀具准备。多年的实践，杨虞鑫发现用锋钢制作成的刀具十分适宜微刻。二是要对材料进行处理。选好材料后，将要刻字的一面原有字迹磨平，无字迹的也要将材质表层磨平，以防滑刀。其微雕分精雕与微刻。精雕工艺流程：稿样设计、雕材处理、雕琢雏形、精雕、题字落款。微刻工艺流程：稿样设计、微刻材料按稿样打线、微刻。

杨虞鑫及其虞山微雕，精中有微，微中兼精，已达出神入化之境界。雕刻作品形态逼真，造型古朴，栩栩如生；刻录文章精华段落，如流水行云，达肉眼难辨之微，是虞山篆刻艺术的一朵璀璨奇葩。虞山微雕艺术品位高雅，观赏价值持久，能丰富人们在物质生活日益提高后的精神文化生活和民间收藏的需求。

微雕者由于不但需有良好视力和掌握过硬基本功，还需有较高文化修养，故至近现代，虞山微雕已几近失传，民间仅少数爱好者从篆刻入手自学揣摩，能渐入佳境者难得一二人，完全处于自生自灭的状态，急需加以保护、扶持。

宝岩石雕

常熟市级／传统技艺
保护单位：常熟市山南石雕厂

宝岩地处常熟虞山西南麓，盛产石材。自唐代开始，当地以石雕石刻为生的能工巧匠，即代代相传，延绵至今。其石雕技艺也与时俱进，自成风格，素以石雕制品精良名闻各地，从业者被冠以“山前石匠”而著称于业界。20世纪前期，“山前石匠”被当时政府选拔至南京，参与中山陵的营造工程。中华人民共和国成立后，“山前石匠”先后主持制作完成了上海静安寺巨幅玉雕《释迦牟尼成道图》、河南南海寺石雕塔及文物保护单位言子墓、翁同龢墓等一批名人墓葬的石雕石刻饰品，并被延聘于省内外建筑工地。江南名山大川诸多寺庙道观、陵园墓地、古典园林及桥梁牌坊的石雕石刻，都有出自“山前石匠”之手的作品。

宝岩石雕工艺繁复。首先要通过“观、量、听、试”精选石料，而后经打荒、打大底、小面弹线、大面装线抄平、砍口、齐边、刺点打道、打扎线、打小面、截头、砸花锤、剁斧等过程将石料初步处理成粗坯，再经粗凿平、画图案、粗雕凹凸面、粗雕凿成型、精加工、细雕凿、细雕整理、打磨石面等工艺才形成作品。

宝岩石雕主要有浮雕、圆雕、沉雕、影雕四种雕刻技法。浮雕，又可分为浅浮雕、高浮雕两种。浅浮雕是单层次雕像，内容比较单一；高浮雕是多层次造像，内容繁复，多采取透雕手法镂空，更能引人入胜。圆雕，是单体存在的立体造型艺术品，以镂空技法和精细剁斧见长。此类作品有的小似果核，有的薄如蝉翼，都栩栩如生。沉雕，又称“线雕”，此类雕法吸收中国画绘意、重叠、线条造型、散点透视等传统技法，石料经平面加工抛光后，描摹图案文字，然后依图刻上线条，以线条粗细、深浅程度，利用阴影体现立体感，具有较强的艺术性。

影雕，是在早年的“针黑白”工艺基础上发展起来的新技法。以尖细的工具琢出大小、深浅、疏密不同的微点，以区分黑白的不同层次，使图像显示出来，不但细腻逼真，而且独具神韵，是石雕向纯艺术化发展的结果。

宝岩石雕经历代艺人的不断创新、着意于心，不断得到丰富发展，在全国石雕界占有重要地位。其作品种类繁多、题材丰富、生动神韵，具有深厚的艺术魅力和深刻的历史价值、文化价值。

沙家浜水乡服饰

常熟市级／传统技艺

保护单位：沙家浜镇文化站

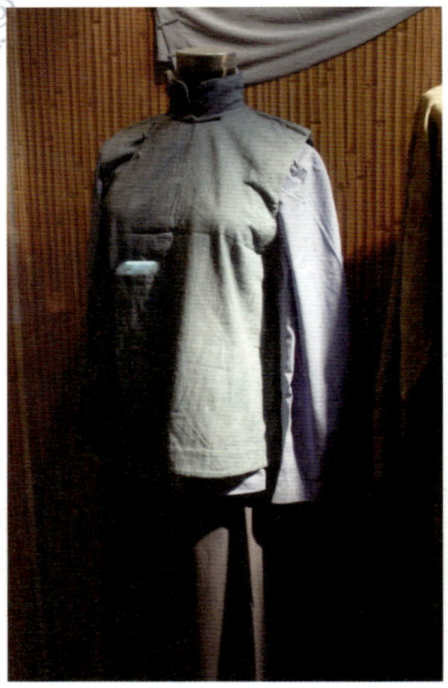

沙家浜水乡服饰的形成，经历了漫长的演变过程，真正定型当在两百年前左右。沙家浜水乡服饰除在沙家浜流行外，还影响至周边乡镇及邻县（区）昆山、相城等。

沙家浜水乡服饰的形成，与当地的自然环境、物产及生活、生产方式密不可分。为便于水、陆两栖的劳作，其服饰保持了一贯的“短打”“合身”。成套的沙家浜水乡服饰既有保护身体、遮蔽、保暖的作用，又适宜从事水乡渔业、农业两栖的生产劳动。沙家浜水乡服饰的形成还与当地的物产密切相关。沙家浜出产的白苎历来有名，沙家浜水乡服饰所具的古朴气息正是延续了以白苎作为原料的纺织物的固有品质。

沙家浜水乡服饰品种齐全，拼接选料、色彩组合上讲究实用和美观。这些元素构成了沙家浜水乡服饰的丰富性和系列性。沙家浜水乡服饰在色彩上师法自然，仿照日常生活中的所见，如湖水的蓝、芦苇的绿、鸡头米的红、草木灰的灰、鱼鹰的黑等；在审美上以实用为主，间以装饰点缀。男人服饰讲究稳重、端庄；女人服饰讲究俏丽、精巧；老人服饰采用深色布料为主，显得沉静；儿童服饰采用亮色布料为主，显得活泼。沙家浜水乡服饰独具浓郁的水乡地方特色，曾经被戏剧剧目采用，如沪剧《芦荡火种》、京剧《沙家浜》。

沙家浜水乡服饰追求布料的“物尽其用”，体现了中国勤俭节约的传统美德；审美上崇尚自然，

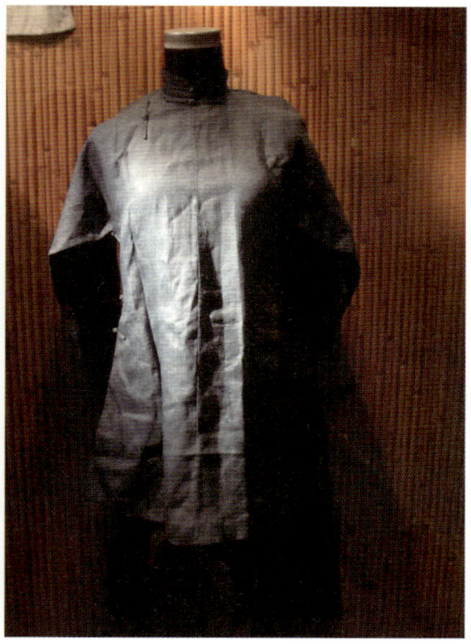

达到了很高的意境。其设计语言对当代人的服饰观是一个有启示作用的观照。

沙家浜水乡服饰的形成凝聚了沙家浜人民的智慧，既有汉族劳动人民服饰的基本形制，如“上衣下裳”和“衣裳连属”及汉代就有的“交叉领”，同时吸收其他民族特别是清代满族服饰的长处，如小领、大襟等。一大批沙家浜服饰设计者享誉国际服装界，20 世纪中国流行服装“毛服”的设计者沙家浜人田阿桐当是其中杰出代表。

时至今日，精于制作沙家浜传统水乡服饰的老裁缝、老主妇或年事渐高，或已谢世，年青一代几乎没有人会裁剪、缝纫，沙家浜水乡服饰传承面临断层。

支塘油纸伞制作技艺

常熟市级／传统技艺

保护单位：支塘镇文化站

鱼米之乡的支塘，地处常熟东南边境，历史悠久，人杰地灵；南邻太仓、西接昆山，“鸡鸣闻三县”，历来是个交通重镇。

支塘像江南的许多地方一样，经常下雨。多雨的环境，智慧的头脑，灵巧的双手，再加上机缘，造就了支塘油纸伞一时的辉煌。据支塘镇上的老人说，旧时巷门里弄撑着油纸伞的姑娘随处可见，她们与油纸伞相得益彰，演绎尽了水淋淋的江南风致。

调查资料证明，支塘油纸伞属京帮伞，而且是目前京帮油纸伞的唯一继承者，是清末一个从北京清宫造办处流落到江南的制伞艺人传下来的。中华人民共和国成立前后，当地形成了名扬四方的百年老店“汪信和”“张义隆”。支塘油纸伞这一地方特产也因为支塘便利的交通而名闻四乡八镇，并远销至南京、上海等地，名扬一时。

制作支塘油纸伞，要用锯子、竹刀、竹刨、剪刀、刷子、钻头、凿子、铅笔、行灶等传统工具，经过选料、劈骨子、蒸煮、做伞柄、车盘砣、裁纸、组装伞骨架、糊纸、绘花、修剃、涂油、炼油、穿花线、结顶等30多道工序，至少3人流水作业才能完成。其制作工艺繁复、讲究，既继承了京帮油纸伞的古朴、大气、坚固、耐用，又融合了江南雨伞的轻巧别致，独具民间工艺特色。它同其他江南地区的油纸伞一起，成为构成江南意象的几大元素（杏花、春雨等）之一。

支塘油纸伞主要指红伞和印花伞。红伞，民间常用伞，面向普通老百姓。印花伞，根据中国民间传说和故事分别印有“喜鹊闹梅”“龙凤呈祥”“二龙戏珠”“孔雀开屏”“双凤朝阳”“仙女散花”“蝴蝶恋花”等图案，采用古老的传统手工石印，所印花、鸟、草、虫，千姿百态，栩栩如生，充满了浪漫的怀旧气息和江南特有的民俗风情，具有较高的使用价值与观赏价值，昔日受到文人雅士、夫人小姐的追捧。

二十世纪五六十年代，支塘油纸伞大放光彩，成为支塘的一大土特产，为当地的经济发展做出过比较重大的贡献；七十年代，支塘伞厂除生产油纸伞外，还试制成功了钢骨晴雨伞，一时产销两旺。1990年，支塘伞厂停业，许多制伞艺人纷纷改行，自谋生路。目前，支塘油纸伞制作技艺最有名的传承人张洪寿，虽年事已高，但仍在支塘镇上从事雨伞制作、修理。

◎ 梅李饭粢糕

常熟市级／传统技艺
保护单位：梅李镇文化站

梅李镇位于常熟市东北部，是一座具有1000多年历史的文化古镇。梅李饭粢糕始创于清道光年间，出自镇上的陈日升茶食店糕点师傅陆根刁之手，距今已有100多年的历史。它不但在常熟城乡畅销，在江浙沪一带也很有名气，是常熟的著名土特产。

梅李饭粢糕制作精细，用料讲究，工艺繁复。主要制作工序如下：首先把优质的陈粳米淘清，经清水浸泡10小时左右后沥干；待米沥干后磨粉到一定程度，进行筛粉；把筛后所得干粉按比例加入赤砂糖，粉与糖干拌均匀后渗入能起松脆作用的糕雪；将拌均匀的糕粉堆积在一起，用洁净白纱布盖上，加速糖的溶解，使粉吃足糖分；将糕粉存放一夜自然发酵，待早晨开工操作时，加入松子仁、青丁、桂花等天然绿色香料；待主料和配料混合均匀后，把糕粉装填进方形的蒸匣内，然后用刀把蒸匣内的糕粉生切成厚薄一致的糕坯；糕坯蒸熟后待冷却，用刀刮成一片片摊在用细铁丝缠绕的铁砂筛上；接下来是烘糕，一定要有经验的老师傅操作，掌握

火候。用钢炭先把烘厨烧热，然后把铺在铁砂上的糕片放进烘厨里，先烘熟一面，再烘另一面，至焦黄成熟。待饭粢糕成型出烘厨后，就要趁热装进那种大口瓷瓶内并要排列整齐，从下往上，待装满后，用稻草编成的盖子盖好，送到出点师那里。

梅李饭粢糕色泽焦黄似锅巴，厚薄均匀，落口清爽易溶，具有松脆清香、甜而不腻、营养丰富、价廉物美的特点，有温暖脾胃、润肺消喘的功效。常熟城乡至今还流传着这样一个习俗：梅李饭粢糕常常被人们用来作为妇女坐月子吃的补品。其因不含油盐，又系直接火烤而成，故卫生无菌，便于保存，既可做旅行干粮，又可做婴儿代乳食品，尤宜家庭备用，是品茶待客的佳品，也是常熟民众逢年过节亲戚间往来必带的糕点之一，更是儿孙孝敬长辈的必备年货之一。在 100 多年的历史进程中，它不仅见证了社会变革与发展，也为促进人际交往、提升感情起到了积极的推动作用。

1928 年，梅李镇建立大丰食品厂，现更名红星食品厂，是梅李饭粢糕的生产和传承单位。

◎ 松盛糕团

常熟市级／传统技艺
保护单位：松盛糕团食品店

常熟民众喜食糕团，由来已久。岁时节令，人生礼俗，走亲访友，乔迁新居，诸般事宜，都离不开它。糕团已成为常熟人民日常生活中不可或缺的一部分。

常熟糕团源于何时，史料无有记载。但最迟至晚清，常熟糕团蜚声遐迩。两朝帝师翁同龢爱吃橙糕，留下千古佳话。王庄定胜糕与太平军的不解之缘，衍化成俗，泽被桑梓。民国初，城乡各处遍布点心店和小吃摊担，叫卖糕团。时有里人所著的《海虞风俗竹枝词》曰："糕条忙向笼中蒸，朵朵梅共热气腾，那晓卫生亡命嚼，撑腰勿痛究何曾。"制糕之风盛，由此也可见一斑。

崛起于20世纪80年代初的松盛糕团，集我市民间传统制糕技艺之大成，主料精选上等糯粉、粳粉，合以优质的豆沙、芝麻、玫瑰、松花粉、红绿丝、蜜枣、瓜子仁、松子仁、

核桃肉、青梅肉、冬瓜糖、干桂花、白糖、红糖、饴糖、椒盐、猪油、糖板油、麦叶汁以及红曲、薄荷、青菜汁、鸡蛋黄、南瓜、可可等配料、佐料，生产制作猪油夹沙糕、桂花白糖糕、南瓜夹沙糕、黄松糕、玫瑰猪油拉糕、松花黄尚、青团、血糯猪油糕、银条糕、双馅团、方糕等各式糕团。制作过程中的合粉、筛料等一道道工序由经验丰富的老师傅层层把关。蒸制在土灶上进行，所以糕团火候到位，色、香、味俱佳。其色泽鲜艳、香味醇厚、甜而不腻、糯而不黏、柔软可口，食之使人齿颊留香，令人回味无穷，深受广大市民的喜爱和欢迎，成为人们生活中的必用食品。1999年，松盛糕团食品店制作的特色糕点松花黄尚被评为江苏名小吃。

“谷成精品香，松盛独一枝。”经过数十年的锤炼，松盛糕团铸就辉煌，如同许多老字号一样，逐渐成为常熟地区家喻户晓的著名品牌、名城餐饮文化的标志性元素。随着其影响力和知名度不断提高，周边县市及上海客人也慕名前来，长年预定。可以相信，随着时代推移，松盛糕团必将声名益盛，融入常熟山水之灵秀，经久弥香。

山前豆腐干

常熟市级 / 传统技艺
保护单位：虞山尚湖旅游度假区管委会

常熟西门外山前塘程家桥附近，不少人家开有豆腐干作坊。他们用独特的传统手工艺制作的豆腐干特别有名，谓“山前豆腐干”。

山前豆腐干出现于清乾隆年间。相传有一年上巳节，苏州

名医叶天士来常熟踏青，巧遇山前人家陈氏祖孙卖豆腐干，因怜他们生意清淡、生计无着，便赐良方。陈氏祖孙按此配料煮制，做出的豆腐干果然不同凡响，名声渐起。陈家传至陈大魁时，合以山鸡、火腿、虾仁等佐料配制，豆腐干味道更是鲜美。清末，两朝帝师邑人翁同龢是陈记山前豆腐干的老主顾，每日下午都要派人前去购买刚出锅的山前豆腐干，一饱口福。山前豆腐干由此名声特盛。

传统的山前豆腐干选料讲究，做工精良，工序繁复，花色多样；有荤有素，荤的有野鸡腐干、火腿腐干、虾米腐干，但现多以素干为主。素干大小约二寸见方，用丝草扎成小团出售，而如今多称量零卖。素干有茶色、白色、酱红等数种，其味香醇，入口细腻滑爽，酥而不烂，令人百吃不厌，回味无穷。山前豆腐干可做随身小吃，又可调味佐餐，是老少皆宜的一种美食。

山前豆腐干经过数百年的发展，已在常熟人民心中深深扎根。2004年，“常熟市十大传统美食”海选，山前豆腐干榜上有名。

◎ 常熟老土布制作技艺

常熟市级 / 传统技艺
保护单位：梅李镇文化站、碧溪新区文化站

常熟老土布是流行于常熟东乡一带的一种传统土布，是劳动人民以简易的工具纺织的一种纯棉手工纺织品。

常熟老土布已有150多年历史。民国初年，洋纱问世，土布改用洋纱为经、土纱为纬。抗战胜利后，物资匮乏，土布大有发展，品种也逐渐增多，从单色布转为花色布。中华人民共和国成立后，土布工艺得到了改进，脚踏机代替了老式手拉小布机。

常熟老土布织造工艺极为复杂，从采棉纺线到机织布，共有轧花、弹花、纺线、打线、浆染、沌线、落线、经线、刷线、作综、闯杼、淘综、吊机子、栓布、织布、了机等大大小小

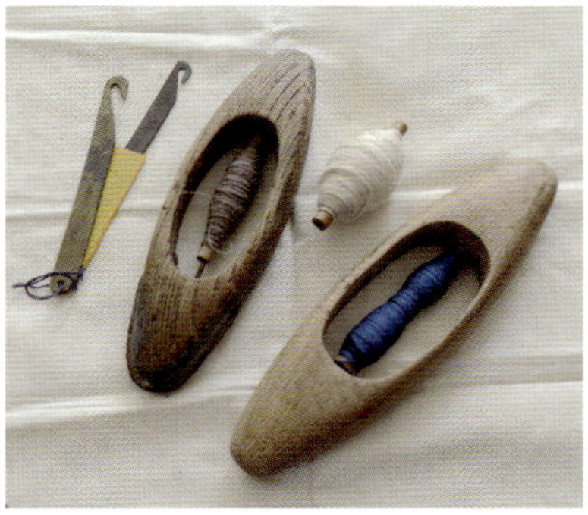

72道工序。常熟土布分小布、大布两种，小布门幅8寸，长1丈6尺；大布门幅1尺1寸，长1丈6尺。白坯布经染坊染色后，成品结实耐用，柔软舒适。棉花是制作土布的主要原料。首先要把原棉去籽轧成棉花，棉花搉成条状，用纺车纺成一圈圈缠绕的棉锭子。接下来是缠线，把一个个棉锭子上的棉线缠到花车上，高50—60厘米，呈一个不规则的“工”字形。按自有的布样买来颜料染色，染色的时候在大铁锅里盛上适量的水，倒入颜料，等水开后，把棉线放进去煮。煮好的棉线要用清水洗净，紧接着就是浆线。浆线即把染好色的棉线放进刚煮好的清清的米汤中浸泡，这样可以提高棉线着色的永久性和棉线的韧性、强度。浆好的棉线晾干后，就要被缠到一种叫“络子”的织布专用工具上。这道工序叫经线。经线比较专业，需要几个有一定经验的人来共同完成。根据要织的土布的图案，

把棉线按不同的颜色排列好，然后把排好的棉线绕到织布机后方的“盘舵”上，再把线头穿进前面的机身里。到此，所有的准备工作算是全部就绪。木制的织布机有两根高臂支架，用来搁置卷好的纬线。纬线分上下两层，各自穿过两把竹制的梳篾，绷直在织床上。纬线的线卷置于两只滑亮的梭子里，穿梭一次，再拉一下悬着的撞插，夯实那根纬线，织布机下面的踏板跟着穿梭的节奏来回踩动，上面的经线会随之上下变动。如此往复，就可以织成各种各样的老土布。

常熟老土布历史悠久，具有浓郁的乡土气息和鲜明的民族特色，在梅李、碧溪较常见。目前，流传下来的自制土布有150多个品种。在乡间还有七十多岁的老艺人。

◎ 常熟木杆秤制作技艺

常熟市级／传统技艺
保护单位：支塘镇文化站、梅李镇文化站

木杆秤是我国度量衡工具的重要组成部分，也是中华民族衡重的基本量具，历史悠久。常熟有着3000多年的文明史和1700多年的建城史。考古发掘资料证明，常熟使用木杆秤已有千年历史，至清朝中晚期，常熟木杆秤制作业十分发达，主要集中在支塘、梅李两地。支塘秤与梅李秤除供应本地外，还销往周边县市。也有一些外地店家慕名而来，专程上门订购。

常熟木杆秤，一年四季均可生产，其制作流程如下：

1. 选秤杆：大号秤一般选择上等老红木，中、小号秤多数使用已有数年的生红木。过两个伏天以上，再把方型长杆浸在石灰水里呛泡，使其定型。然后用细砂布沾水打磨，直到圆润滑腻。

2. 刨秤杆：先用正刨将所选的木料刨圆，需达到一定的尺寸比例，并进行初步打磨。

3. 定“叨口”：两人合作使用墨线，以线绳在秤杆上弹出几条纵向等分墨线。

4. 锯眼：在秤杆上找出三个“叨子”的位置，做好记号；将秤杆固定，在杆身上做记号后分别打出垂直的穿孔。

5. 包铜皮：秤杆两头需要包铜皮，事先要对秤杆两端拟包裹铜皮的部位加工，使其直径略小于其余部位，并用钣锉稍稍打磨。

6. 安装“叨子”、秤盘：秤盘是预制的，将盘上的 3 根系绳挽结到秤杆大头最外侧的“叨子”上。

7. 校秤定量：用“叨子”将秤悬提，秤盘中依次放上不同重量的砝码，在秤杆上测定其距离，以两脚规分割并仔细标出星花位置。

8. 钉星花：按照上一步骤所标记的位置用皮带手钻钻出每个小花点，在钻洞中以细铜丝嵌插后割断、插实。

9. 打磨、清洗：使用钢锉、油石顺纵向将秤杆进一步打磨光滑，给刚做好的秤杆均匀地刷上一层石灰水以去除油污。

10. 着色：均匀地刷上预先调好的五倍子液，然后把秤杆挂起来，使其完全干透。

11. 打磨上油：待着过色的秤杆完全风干后，对秤杆进行最后一次抛光并上油，让秤杆光润，上面的刻度即“星花”更易辨识。

常熟木杆秤古朴、结实，极富地方特色，因蕴含着“吉祥如意”“秤（称）心如意”之意，所以至今常熟农家造房起屋、迎娶新娘都要用到杆秤。

当今，随着电子秤的日益普及，这门传统的制作工艺濒临绝境，但如加以挖掘和保护，还有一定的生存空间。

◎

沙家浜水乡木工圆作技艺

常熟市级／传统技艺

保护单位：沙家浜镇文化站

沙家浜镇地处江南水乡，有着深厚的历史文化底蕴，水运交通便利，官富民殷，百业兴旺。据历史记载，明初沙家浜镇唐市集市形成，至明中叶开始繁盛，到明末清初已发展为常熟的四大古镇之一，于是与人们生产、生活息息相关的木工圆作在各处应运而生。

木工圆作又叫箍桶匠，所制作的都是圆筒形的生产、生活器具。农具类的主要有牛食桶、提档桶、粪桶、粪勺、采菱桶等；生活类的圆作器具种类极其丰富，几乎包罗生活的方方面面。沙家浜镇木工圆作的师傅们在长期的生产活动中，不断适应当地地理环境、人文风俗的特点，创造新的生活用具，来满足人们各方面的生活享受。如生活类的圆作重点体现在女子出嫁时的嫁妆上，称为女子必备十八件桶，体现了水乡婚俗的鲜明特征。十八

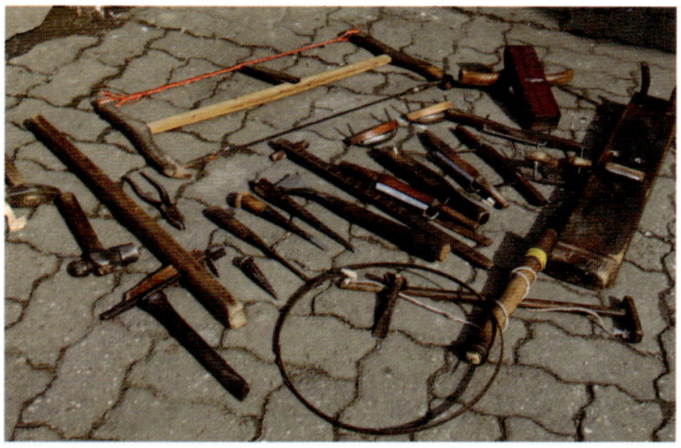

件桶主要有马桶、脚桶、浴桶、立桶、困桶、饭桶、提桶、套桶、鞋桶、木面盆、什锦桶、匾桶、盘，婚嫁时通过摇双橹的船只随嫁妆红红火火地送到男方家。此外还有拌粉桶、打浆桶、做酒桶、米桶、茶壶桶、木痰盂、舀水勺、接苎桶等。

木工圆作选用的材料主要是云杉木，特点在于材料轻、嫩，便于开片制作，成型上油后不易开裂；好的用香柏木、橡木、香樟木、花梨木等制成。制作过程包括选料、烘干、开片制坯、成型、刨磨、托底、上箍、精磨、上油漆等。沙家浜木工圆作依据当地民风民俗，一个桶一般用 9 块或 11 块或 13 块木板制成，切忌数量成双。制作圆作器具需要很多工具，有座刨、推刨、刮刨、圆刨、槽刨、斧头、锯、作刀、铁墩、钻头、凿子等。拼接桶底板和桶盖板不用铁钉，铁钉容易生锈漏水，故都用竹钉，箍桶可用竹篾、铁丝、铁箍。器具形状主要有莲子形、莲蓬形，在桶盖上雕刻荷叶边、莲子或梅花、牡丹等精美图案；桶口制成荷叶形，十分耐看；还有做成椭圆形或腰子形的大小器具。器具总体光滑、圆润、吉利、祥和，具有很高的实用价值和艺术价值。

沙家浜木工圆作属一个帮派，兴盛时，镇上有七八家木工圆作作坊，生意十分兴隆，特别是到年关时，婚嫁娶亲人家往往排队等着取货。如今随着社会发展和人们思想观念、生活方式的改变，木作器具不再是生活的必需品，木工圆作已逐步走向衰落。

白茆打铁

常熟市级/传统技艺

保护单位：古里镇文化站

铁器铸造是农耕文化的产物，俗称“打铁”，是中国一门古老的传统工艺。《重修常昭合志》卷二十《人物志》载：“（明）尤驼子，铁工。制作精巧，人称精驼。”可见常熟地区打铁工艺源远流长。较著名的有白茆打铁，其生产制作基地在古里镇白茆李市村历史老街“戈氏铁匠铺”。该铺已有100多年的历史，产品除在本地出售外，还销往周边县市。现存传承人戈良元，师从沈二。沈二祖上三代都是打铁的，自其曾祖父开了白茆第一家铁匠铺，白茆打铁始有名气，到民国时期已有三家铁匠铺。20世纪70年代，当地政府组织成立了“白茆铁业

社”，风行一时，后逐渐衰落。

打铁是一种锻造工艺，虽原始、简单，但很实用，且不容易学习。其工艺流程包括：1. 锻铁，又称落料；2. 打坯；3. 拔钢；4. 焊接；5. 打压成型；6. 淬火；7. 打磨。首先要砌起个1米高的大火炉，炉边架一风箱，风箱一拉，风进火炉。其次要准备好两只放满水的大铁桶，打好的铁件要放在水里冷却。旁边还得堆放一大堆矿煤，随时给火炉加煤。还要备好打铁用的钳子、锤子、大铁镦等打铁工具。大铁镦又叫“生砧”“钢砧”“铁砧”，是用含杂质较多的铁铸造而成，比较坚硬，重达120多公斤，是打铁的主要辅助工具。要锻打的铁器先在火炉中烧红，然后移到大铁墩上，由师傅掌主锤，下手握大锤进行锻打。锻打时，匠人右手握小锤，左手握铁钳，在锻打过程中，要凭目测不断翻动铁料，才能将方铁打成圆铁棒或细长铁棍。铁器成品有与传统生产方式相配套的农具，如犁、耙、锄、镐、镰等；也有部分生活用品，如菜刀、锅铲、刨刀、剪刀等；此外还有如门环、泡钉、门插等。

打铁用的原材料比较讲究，打制不同类型的制品需要不同类型的钢材，特别是各种刀具由于用途各不相同，所用钢材的种类也五花八门，有锰钢、白钢、碳钢、铬钢、镍钢、钨钢、钒钢等。

白茆打铁是白茆地区劳动人民在长期的生活实践和独特的文化历史环境中形成的颇具特色的技艺之一，它的题材、内容、形式都是为适应农民生产、生活而产生的，具有浓厚的乡土气息和地方特色，具有广泛的群众性和民间传承性，有重要的历史价值、文化价值和实用价值。

虞山赭石刻砚技艺

常熟市级／传统技艺
保护单位：虞山尚湖旅游度假区管委会

虞山赭石砚是中国名砚之一，最早可以追溯到元代。元代常熟籍大画家黄公望的浅绛山水所用的浅绛颜料，就是取材于虞山上的赭石。已故著名画家钱松喦在他的画语录中说：“画山石及人面所用赭石都是自制的……相传常熟虞山黄大痴墓旁的赭石很好……后人崇拜大痴，因此以为他墓旁的赭石也特别好。”清末常熟沈石友先生以赭石砚相赠吴昌硕，吴昌硕对此砚台奉若至宝，作画欲用赭色即取此砚。到了民国时期，山前石匠宗嘉荣之父在做石刻的同时，开始研究雕刻赭石砚，后把这一手艺传给儿子。宗嘉荣秉承父亲的手艺，成为当时常熟赫赫有名的石匠师傅。宗嘉荣儿子宗炳成更将这一技艺融入传统砚刻工艺，使传统的赭石砚既具实用性，又具美观性。20世纪40年代末，宗炳成经人介绍到上海仙乐、吉安等公墓制作石雕时结识陈瑞友，并向其学习制砚技艺，回来后将技艺用在赭石雕刻上，得到意想不到的效

果。1977 年经常熟工艺美术厂推荐，宗炳成赴江西婺源制砚，历时一年半，回常后又为曹大铁、沈重烟、唐瘦青等常熟画家制作赭石砚，是当代颇有声誉的赭石砚传人。如今，出生在山前石匠世家的宗洪兴继承了父辈们的技艺，将常熟赭石砚发扬传播。

赭石属泥质类岩，出在虞山东路黄公望墓一带，以块状石分布在山腰和山麓；大如磐石，小如拳印，石质粗松，色彩单一；常泡水中易剥落，水为赭色，经历练和胶即可为国画颜料。

赭石砚制作流程：1. 选料。赭石一般在虞山东麓及北麓一带，只有材质疏松适度并且砂皮稍加摩擦即光滑和润的石料方可做砚。2. 设计。设计的目的是将赭石中的瑕疵处理成无瑕，以达到锦上添花的效果，提高其艺术价值。赭石砚的设计要求“因石构图，因材施艺”和“因形造势”。3. 描图。先将一块不规则的赭石磨成设计好的块石形状，然后将设计好的图稿根据石头的形状仔细地画在上面。4. 雕刻。雕刻是整个过程中极其重要的工序，主要有深刀、浅刀和通雕。采用什么雕刻技法和刀法，要视题材和石形而定。5. 磨光。雕刻结束后需要磨光，一般先用 200 到 300 号的油石磨，目的是磨去凿口、刀路；然后用砂皮打，砂皮从 250 号换到 1000 号，光滑的程度需要达到“孩子脸，女人肤”的要求。

随着社会的发展，砚台的实用性越来越被艺术观赏性所取代，成为人们的观赏品、收藏品。

◎ 七峰碧螺春制作技艺

常熟市级 / 传统技艺
保护单位：常熟市海虞茶叶有限公司

常熟市海虞茶叶有限公司位于常熟海虞七峰中部的铜官山南麓。七峰山上林木葱郁，空气清新，茶园内间栽香橼、桂花、柑橘等常绿乔木，茶树在半阴半阳的环境里慢慢绽芽。科学的种植管理，使茶树生长茁壮，蓄势足，营养更加丰富。

福山大慈教寺位于七峰东端的殿山西麓，到明清时达鼎盛，据《常昭合志》载，当时大慈教寺有免粮田120亩。寺内僧人于寺前山坡辟园种茶，自摘自制，取名“寺前茶”，供寺内僧侣和香客、游

客饮用。寺前茶的种植和制作工艺渐渐流入民间。清末民初，大慈寺毁，但寺前村、窦家宕部分村民仍在少量种植、炒制茶叶。中华人民共和国成立后，东山、绿山、前进三村相继成立“专业队”，以种植果树、毛竹为主，少量种茶。改革开放后，种茶面积不断扩大，三村所属的塌山、下马山、铜官山、西山、茅家山、石家山等山麓，先后开辟成茶园。1982年，铜官山下的农科所办起了“七峰茶厂”，炒制的成品茶以七峰山命名，称“七峰茶”。2000年，当地政府决定动员三厂合并至“七峰茶厂”，成立“常熟市海虞茶叶有限公司”。同年，七峰茶注册为“沙家浜绿茶”。

制茶主要工序为杀青、揉捻、显毫、烘干，整个过程需40分钟左右。

七峰碧螺春茶叶外形细嫩紧结，卷曲成螺，满身披毫，汤色嫩绿明亮，香气清淡怡人，滋味鲜醇甘厚，回味隽永；同时具有利尿、强心解痉、抑制动脉硬化、抗菌、抑菌、减肥等功效。常熟市海虞茶叶有限公司现已成为常熟茶叶生产行业的重要力量。

◎“义源生”酒酿饼制作技艺

常熟市级／传统技艺
保护单位：常熟市义源生食品店

支塘镇地处常熟、太仓、昆山交界处，“鸡鸣闻三县”，盐铁塘、白茆塘、锡沪公路穿境而过，历来是个交通重镇、商贸重镇。

早在清宣统元年（1909），支塘镇上的酒酿饼已闻名四乡八镇。清末，著名糕点师许章师接手了百年老店“北义源”，生意甚为红火。民国初期，许章师去世，其子许惠生继承父业，后来，许惠生的徒弟王义生继承了这门手艺。1922年，王义生在北街开办了“义源生”，并将技术传给了王宝华等徒弟。1955年，“义源生”被吸收入支塘茶食糖果商店。改革开放后，王义生的孙子王明继承了祖传的手艺，续开了“义源生”，至今已有30余年。

“义源生”酒酿饼制作时间一般从农历二月初一开始到谷雨结束（现5月份左右）。气温一高，做出来的酒酿饼就发酸，不好吃。所以，“义源生”酒酿饼是一种季节性的时令小吃。其制作工艺流程为：

1. 做酒酿。将洗净的糯米放在灶头上蒸熟，然后拌上酒药装入缸内盖好，缸口用尼龙纸封住，用棉毯或棉袄包住放在灶膛角落，再盖上稻柴，经过1—2天就成了酒酿。

2. 做糕头。把酒酿和面粉拌和发酵，俗称“做糕头”。一般10斤面粉放1斤酒酿和3—5斤绡糖（糖经过高温加热后拉起来成丝状称为绡糖）。

3. 炒豆沙。把隔夜浸好的豆（豇豆、赤豆、绿豆均可）捞出洗净烧熟，再放入摇豆机中摇烂，然后放入铁锅内翻炒。一般一斤半豆沙放两斤左右糖，要炒到豆沙香味四溢，不焦不糊，能在锅内拉得竖起来（俗称上缸）才算炒好。

4. 拌油。把生的猪板油洗净切成小块，大小跟麻将骰子差不多，然后加糖拌和，俗称“拌油”。

5. 烧烤。把糕头捏成一个个小面团，中间捏空装入豆沙，再放一块猪油揉团，稍压扁后待烤。烧烤前先均匀地给煎盘涂好菜油，再放入酒酿饼盖上盖。煎盘在炉子上慢慢转动7—8分钟以后，揭盖把饼一个个翻身，再翻身，再放入菜油烤5分钟左右，温度基本掌握在80—90摄氏度。待香气四溢，饼的颜色稍黄发亮时就可出炉。

“义源生”酒酿饼以壳薄、馅多、香嫩、味甜见胜，吃起来甜肥软韧，滋味分明，让人回味无穷。

“义源生”尽管生意不错，但后劲不足，面临着无人继承的尴尬局面。

◎ 常熟冰葫芦制作技艺

常熟市级 / 传统技艺

保护单位：常熟市山景园菜馆、常熟市王四酒家有限责任公司

常熟地处富饶的长江三角洲，自古以来就是经济发达、文化繁荣的江南福地，民众安居乐业，讲究吃喝之道，烹饪业界内人士更是勤于钻研技艺，时有佳肴名点推出。冰葫芦即来自民间而登上大雅之堂的常熟招牌名点之一。

常熟民间时令饮食中，糕团类点心花式繁多，但限于田间劳动紧张，加工方法大多简易单一。唯以百姓喜闻乐见之八仙法器之一——葫芦为形的“冰葫芦”，制作过程极具技术含量，一经推出即因香、松、脆、甜和肥嫩而受到其时缺油少糖的人们的青睐，并于20世纪50年代初被列为“江南名点”。冰葫芦以前散见于常熟城乡各类宴席中，现主要集中于常熟餐饮界中之百年老店、老字号、部分中华餐饮名店及星级宾馆。

“葫芦”与福禄寿之“福禄”发音相近，因此葫芦在民间被视为吉祥宝物，历来为百姓所喜爱珍重。将点心制成葫芦形状体现了江南农家生动的饮食情趣，也反映了不同时期民众的生活追求和民间习俗。

改革开放以来，随着外地菜系的涌入和西式点心的兴起，传统的常熟点心市场已被日益挤占，所占份额日趋萎缩，冰葫芦也不似以前那么受人追捧，在常熟本地的供应也已大大减少，致使慕名而来的中外食客望“名”（“江南名点”之名）兴叹。冰葫芦的制作技艺更是后继乏人，年轻一辈的点心师中会做的寥寥无几。

◎ 杨园熟食爊制技艺

常熟市级 / 传统技艺
保护单位：辛庄镇文化站

杨园地处常熟西南边缘，南与苏州相城区毗连，西临望虞河与无锡市相望，境内自然环境优越，特产丰富，品种繁多，是名副其实的鱼米之乡。杨园爊制熟食在常熟饮食业中独树一帜，主要分布在杨园地区的洞港泾、杨树园，现逐步扩大，在常熟市区、辛庄镇等地设有专营店。

杨园爊制熟食在洞港泾、杨树园有百年以上历史。旧时，当地东项、西项、桃园专门有一批猎户，开船到丹阳地区、浙江山里及吴江水域狩猎野鸡、野鸭、野兔和各种山鸟，夏天则加冰块存放，以防变质。就这样，猎户将冷冻保鲜的山珍野味销往上海、杭州等城市。夏天游猎远离集镇，为防止猎物变质，猎户先是将猎物腌制，又将猎物煮熟，但味道不够诱人；后来又加入几种香料烹制，色香

味俱全，由此产生了爊锅。猎户中有包姓者，到第三代传人包玉山时最为有名。其人狩猎经验丰富，所制爊货肉紧、色亮、味鲜，香味透到骨里。爊制好的野鸡、野鸭、野兔等用荷叶包裹装入竹编的食篮，上面覆盖红纸，盖上“包玉山”大印，以示品牌，作为走亲访友馈赠佳品，深受食客青睐。一直到 20 世纪 80 年代初，包姓第四代传人包林保重操旧业，在沙洞线杨园车站马路旁搭建铁皮棚，爊制爊货，生意红火。2000 年后，杨园爊制熟食被众人效仿，仅杨园集镇经营的就有十几家。“一品香”和“大林野味”店则是包姓爊锅第四代传人开办的。

杨园爊制熟食偏居一隅，虽然色、香、味、形俱佳，逢年过节有外地食客前来购买，但没有做大做强，没有打响品牌，在外地的推广还不够。目前爊锅料一般只有丁香、肉桂、肉果、白芷、桂皮、八角、蔻仁、三奈等 10 多种草药，历史传承缺失。

张氏烫伤膏

常熟市级/传统医药

保护单位：虞山镇方塔管理区

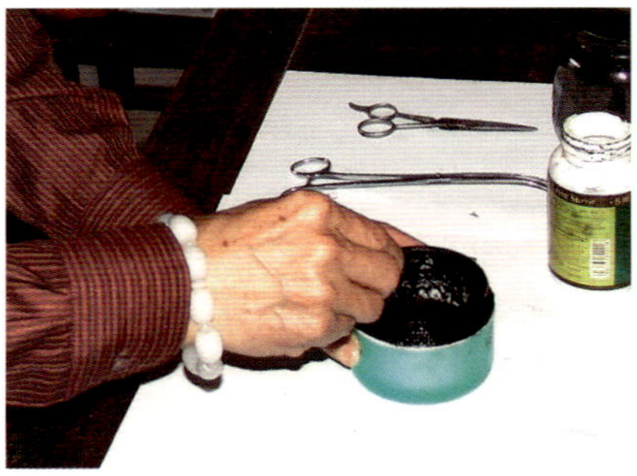

张氏烫伤膏是流传在常熟市虞山镇的一种传统医药。

张氏烫伤膏最早可追溯到清嘉庆年间。彼时，镇江丹徒县有一张姓人家，将儿子送往浴室学徒。这个孩子十分聪慧，颇得师傅喜爱。师傅病重时，将浴室中常使用的水烫药方传授于他。张氏始得该方。得方后，张氏先人定下规矩，该方只传在浴室工作的儿子，以秉承传授人的遗愿。同治年间，药方传至在浴室做工的张仲德。抗战胜利后，张仲德之子张明根到常熟浴室做工，张仲德将药方传于张明根，张明根开始悬壶济民，在常熟为百姓治疗汽、油、水、火四伤。张明根去世后，其妻接夫衣钵，在家中为人疗伤，收取一些费用。张妻去世前，又将药方、配料、制作工艺等一并传授于其子张永林。

张氏烫伤膏由5种草药加工而成，要先到山间采药，草药采回后，经分类清洗、研磨后按比例配方，然后调和，调和时加入纯菜油，最后成黑色稠状物，装瓶保存待用。因该药有一定的保质期，制作时不宜过多，故只保存较多的半成品（研磨后的粉末）以备急时调配。

经实践证明，张氏烫伤膏疗效显著，无论汽伤、油伤、水伤、火伤，上药后3—5分钟止痛；一般性烫伤十日内痊愈，大面积烫伤一月内痊愈；无须植皮，无须包扎，见效迅速，愈后不留疤痕，时日一长，伤处皮肤与旁边皮肤无皮色差异。该方属纯中草药调制，成本低廉，药效精妙，具有重要的医药价值和科学研究价值。

张氏烫伤膏虽出自丹徒，但在常熟传承至今已有三代，通过一代代传人努力，已进一步得到完善。据不完全统计，从20世纪90年代起，张氏烫伤膏治愈2500多人次，痊愈的伤者遍及常熟各乡镇。

◎ 薛鹏飞麝香埋藏疗法

常熟市级／传统医药

保护单位：沙家浜镇卫生院

麝香埋藏疗法是沙家浜镇卫生院伤科名医薛鹏飞在吸收前辈名医经验的基础上，又经过数十年的摸索积累，创造出的一项治疗胸、腰椎、膝关节损伤等的疗效显著的方法。

常熟中医药历史悠久，伤骨科、针灸科名家辈出。薛鹏飞原籍上海奉贤，自小拜当地伤科名医盛锦标为师，以治疗跌打损伤而闻名乡里；1940年定居常熟横泾，早年结识一位天津老兽医。这位老兽医有一个家传5代的用麝香埋藏于骨关节治疗扭脚损伤的秘方，疗效十分显著。薛鹏飞将这方法用于人体。麝香为天然产物，夹带着许多杂质，但为了保持它的药效，又不能采用高压消毒，以免影响疗效，还很容易引发感染，这曾一度困扰着薛鹏飞。后来他从《本草纲目》一书中寻找答案，书中说："盖麝香走窜，能通诸窍之不利，开经络之壅遏，若诸风、诸气、诸血、诸痛……经络壅闭，孔窍不利者，安得不用为引导以开之通之耶?"这就为他的"埋香疗法"提供了理论依据。为了攻克这个难题，薛鹏飞吸收现代医学的先进经验，在"埋香"之前，先使用抗菌素（后称抗生素）注射，将细菌感染的可能性降到最低限度，获得了成功。

"埋香疗法"是一项中西药结合、内外科兼备的治疗方法，设备简单，操作简单，大部分患者无须住院，降低了患者的治疗费用。麝香埋藏疗法的基本要求：医师必须具备丰富的临床经验，兼备注射、针灸、推拿、小型外科手术等技术。

由于麝香埋藏疗法的创始人薛鹏飞以及他儿子薛福宝相继去世，且运用现代西医外科手术同样能达到治愈的目的，同时麝香越来越少见，故麝香埋藏疗法有失传的危险。

◎ 曹氏点穴推拿

常熟市级 / 传统医药
保护单位：虞山镇文化站

点穴是中国古老的中医技法，推拿是一种应用广泛的民间疗法。点穴推拿历史悠久，一是源于古代的推拿疗法，一是源于中国武术中的点穴术与解穴术。至明清时期，点穴推拿已得到了较好的普及和发展。

曹氏点穴推拿当代代表性传人曹金保，出生于常熟，家住虞山镇颜北社区，在家坐诊，在百姓中有良好口碑；其徒弟徐伟在城区周边乡镇行医，也有一定影响。曹金保系清朝武秀才陶玉山再传弟子，16岁接触中国武术与中医疗法，从此沉迷其中，勤学苦练，较好地掌握了传统技法，并在大量临床实践探索中，对于武术在点穴推拿中的应用，有较为全面的理论认识和丰富的实践经验。

曹氏点穴推拿是以中医理论为指导，凭借双手在患者的体表穴位通过揉压、打点等手法疏通经络，达到治疗疾病的目的。其治疗机理为：使局部血管扩张，加强血液循环，诱导深部组织的血液流向体表，或使一部分血液瘀滞于局部，缓解病理紧张并促进病理产生物的消散，调节神经、肌肉等

机能，从而达到解除疲劳、治疗疾病的目的。曹氏点穴推拿可归纳为抓、打、按、拿、点、踢、背、抖、伸、屈、提、拉等36法；其点穴推拿以点穴为主、推拿为辅，着重于利用经络穴位来进行推拿治疗。人体常用穴位有364个，曹金保凭多年经验能快速准确地找准穴位，手法强硬而有力，力度既大又收放自如，这得益于他常年练习石杵、石锁等的练武基础。与一般点穴推拿比较，曹氏点穴推拿具有找病源、取穴位、手法准的特点。同时，曹金保还配合大量的中草药秘方，在治疗跌打损伤等方面取得显著成效。从1998年在家中坐诊以来，曹金保义务接待各类患者近7万人次，在他的妙手回春下，许多疑难杂症迎刃而解。

随着现代医疗技术的飞速发展，传统医药正逐渐失去所依赖的生存土壤。“曹氏中医推拿”这一珍贵的文化遗产也正面临濒危局面，传承人曹金保于2014年去世，现传承人为曹金保外甥。

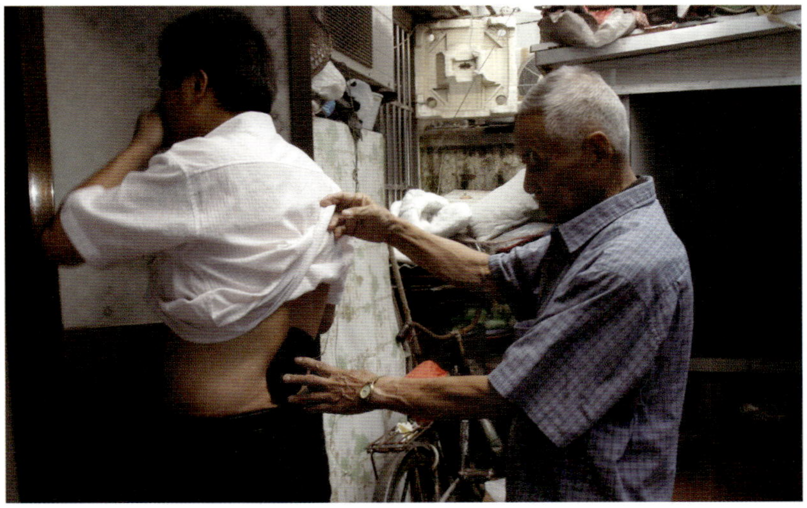

◎梅李龙园会书

常熟市级／民 俗
保护单位：梅李镇文化站

常熟梅李素有“东乡十八镇，梅李第一镇”之誉，是江南文化古镇，地理位置得天独厚，水陆交通十分便捷。

据《梅李镇志》记载，梅李龙园书场的前身是清光绪初年的“邓厅”。创始人瞿尧良，又称瞿老四，评弹界艺人都尊称他为“四伯伯”“四阿爹”。1935年，“邓厅”正式改名为“龙园”。1937年，瞿老四在梅李东北街陈耐庵的马棚地基上，扩建龙园书场，总面积400多平方米。新龙园书场朝南，中厅两边为地板厢房，窗明几净，古朴典雅；屋前屋后树木葱绿，大门前有一天潭，环境十分优美。

在漫长的历史进程中，梅李龙园书场见证了许多评弹艺人的辉煌。在评弹界有一句流传很广的话：“梅李龙园书场是考场，只要在龙园说书不漂，能被梅李听众接受，你再到任何一家书场说书，心里就踏实了。”20世纪40年代初，著名评弹艺术家黄异庵到梅李说书，特为龙园题了一副嵌字对：龙非池物终归海，园有书香不用花。1941年，瞿老四请到了评弹名家严雪亭，龙园座无虚席。此后，严雪亭六次到龙园，至今仍然有许多老听客记忆犹新。苏州著名评弹艺术家魏含英九进常熟，

三进龙园。金声伯曾道：“梅李的龙园书场，是我一生中最难忘的一个说书地方。”20世纪50年代，独创了精神饱满、气势豪放、明快爽利、如长江大河奔泻千里的“琴调”的沪上评弹名家朱雪琴专程到龙园演出，梅李镇出现万人空巷的局面。1940年，谭震林奉命抵达常熟建立苏常太抗日根据地，曾几次化装成听客到龙园听书，和战友秘密接头。1962年，谭震林在省里听评弹时特别提到龙园。20世纪60年代，上海连环画画家丁斌曾在龙园体验生活，创作出了影响全国的连环画《芦荡火种》，即《沙家浜》的原型。常熟市评弹团首次进京献演中篇评弹《梅塘姑娘》，从创作到排练都在龙园完成。“文革”后中央在杭州莫干山召开江浙沪二省一市文艺宣传工作振兴评弹会议，中央首长陈云在会上说：“二省一市要像梅李的瞿老四一样，热情接待，重视评弹，振兴评弹有望。”

1979年，文化部副部长周巍峙来江苏考察，亲临梅李龙园，肯定了瞿老四热情接待说书先生，使龙园书场繁荣兴旺、名闻江南的贡献。

梅李龙园为常熟赢得“评弹第一书码头，苏州评弹第二故乡”之誉做出了贡献。其几十年的风雨历程，已成梅李历史文化遗产中宝贵的财富。

◎ 福山庙会

常熟市级／民　俗
保护单位：海虞镇文化站

福山傍依长江，水陆交通便捷，人文积淀深厚。其庙会是当地独具特色的传统民俗活动之一，活动日期为农历三月二十八日。当地又称“看三月二十八”。

福山庙会始于宋代。北宋至和年间，官府在福山城西侧殿山建东岳庙，供东岳大帝黄飞虎神像，名闻吴会。农历三月二十八正值大帝诞日。元至正十六年（1356），福山江滨又建褚太尉庙，纪念为保卫地方而殉难的福山人褚伴哥。农历三月二十八，又是褚太尉忌日。

为了庆祝东岳大帝黄飞虎诞辰和纪念褚太尉忌日，福山里人每年于此日抬各庙神像到东岳庙祭拜，褚太尉庙庙社举行庙会。年复一年，逐渐形成这一传统民俗活动，成了福山庙会节日。明代顾鼎臣曾有《福山观社》诗，盛赞福山庙会盛况。诗曰：“游人如蚁事如麻，街巷喧阗好物华。本借神功能御捍，岂缘财力竞豪奢。威容赫奕开生面，供奉分明学内家。灯火满城歌吹沸，夜深林有未栖鸦。”《昆山郡志》载：庙会当天，“朝岳者比屋举家，岁往常熟之福山”。

福山庙会俗称“解会”“行会”。各庙神像由乡间直达殿山，唯褚太尉神像要游遍福山镇的大街小巷及周围村落，最后一位到达殿山。故庙会规模数褚太尉庙最为隆重。庙会队伍浩浩荡荡，依次有压道社、开脸社、土地社、内班社、臂锣社，再是銮驾、神像香轿，最后是顶马扛头……让人目不暇接。是日，福山东岳庙前广场，彩台高搭，箫鼓悠扬。民间艺人表演舞龙舞狮、踩高跷、打莲湘、跑旱船、挑花担，各显神通，热闹非凡。街头巷尾商贩云集，应时物品琳琅满目，农具家具生意看好。当地百姓祈求风调雨顺、五谷丰登、康泰升平。

福山庙会是融民间信仰、文化娱乐、商贸活动等于一体的综合性民俗活动，植根、传衍于民间，凝聚了民间文艺的精华，是民间传统文化的有机组成部分。它对当地民间历史文化、艺术传承和延续，对地方经济的发展和基层社会的稳定发挥着积极作用。

◎ 兴福寺蕈油面

常熟市级／民　俗
保护单位：虞山尚湖旅游度假区管委会

去兴福寺“吃蕈油素面、品虞山绿茶”，是当今常熟地区传统民俗活动中一道亮丽景观。兴福寺蕈油面，原是该寺僧侣为满足自身需求和接待客人用的食物，在历史进程中，逐渐向香客、游客推广，相沿成习，成为广大市民日常生活中不可或缺的一部分。

明清时期，佛教盛行，兴福寺香火旺盛，颇有积余。而禅门弟子，咸以茹素志诚。为改善僧众生活，寺内香积厨（厨房）在素食上下功夫，向当地山民收购营养丰富、鲜美无比的山珍野蕈，熬制蕈油，做浇头拌面食用。在虞山出产的众多野生蕈中，尤以生长在松树根边或附近草丛的松树蕈最佳。对此，明《常熟县私志》、清《常昭合志》都有记载。春秋两季，雨过天晴后，野蕈猛生，那时庙里和尚日日都以蕈油面为食。寺中住持也以此面招待尊贵客人。后蕈油面逐渐在香客中传开。每年上巳节、佛诞日、春秋两季朔望日，城乡及邻县市的善男信女成群结队到庙里烧香还愿，兴福寺里香客、游客摩肩接踵，寺里出售蕈油面收入可观，足够僧侣全年衣食。邻近居民竞相效仿，沿途设点摆摊，熬制蕈油，叫卖素面，景象一派热闹。

清末民国间，王四酒家、觉林素食处等取虞山所产鲜松蕈，以独特的传统工艺制作成松树蕈油，清香扑鼻，色泽诱人，被品尝者称为“素中之王”，享誉吴中。两朝帝师翁同龢，著名人士宋庆龄、宋美龄姐妹等，先后品尝以松树蕈油为浇头的素面，均赞不绝口。

中华人民共和国成立初至“文革”前，兴福寺妙生上人等僧侣在寺内开设小型面茶馆，向社会开放，使寺庙生意兴隆。“文革”期间，林场接管兴福寺，经营面茶馆。改革开放后，场部在与寺一墙之隔的兴福园林内投巨资建望月楼素菜馆、茶苑，并随形势的发展开辟特色蕈油面馆，成立茶文化中心，传承发展这一民俗美食。兴福寺“吃蕈油素面、品虞山绿茶”体现了宗教文化和饮食文化的结合，人文景观和自然景观的结合，物质生活和精神生活的结合。随着时代推移，吃面品茶这一民俗的影响力和知名度日益提高，参与者与日俱增，凸现民俗风貌。

◎ 尚湖锅浴

常熟市级／民　俗
保护单位：尚湖镇文化站

锅浴，一种江南农家沐浴风俗，20世纪70年代之前盛行于常熟低乡一带。锅的形状如单眼灶头，砖砌，四方，高不及三尺，筑于偏房下屋（如柴间、磨坊等）之屋角。灶口一面砌起一堵砖墙，使“浴缸”隐于三面墙构成的凹宕内。“浴缸”即四尺以上对径的生铁锅，不配锅盖，只备一个一尺左右对径的木块。木块用整块木料制成，圆形，一面平，一面凸，俗称“乌龟板”。

把锅内水烧热，即可沐浴。入浴者觉得水温不够，就喊“加火”。守在灶口的人就往灶膛里添柴。灶膛火集中在锅底，浴者踩着“乌龟板”，不会烫到。边浴边烧，能保持水温和室温。浴者一边从容泡澡，一边与灶口的人聊天，实在是一种享受。

锅浴并不换汤，男的洗完女的洗。只是泡澡，不使用肥皂，澡汤并不见得怎么浊。不换汤，能省燃料。“浴缸”旁砌有出水口，泡澡后可通过出水口把水排到屋外，相当方便。

比较殷实的农家才有锅浴设施，讲究一点的还隔一点空间用作更衣。没有设施的人家会闻讯而至，乘便洗个浴，叫“乘汤”。乘汤的人会带一点柴来，一般会带菜花萁、芝麻秆、干稞之类的好柴火。不带柴的被戏称为“撩白水”，主家也不会计较。每次烧浴汤，主家都会把消息散布出去，有的还会遣小孩去叫东家伯伯、西家好婆来乘汤，叫“喊落浴”。没有设施的人家遇到婚嫁喜事，会带足燃料来借锅烧浴汤，称“借锅”。对于“乘汤”和“借锅”，主家都是欢迎的，这说明他们家人缘好。

乡邻隔壁发生龃龉，“乘汤”和“喊落浴”常常是一种表示和解的姿态。洗个澡，不必再说什么的，就“一浴泯恩怨”了。有的人家会在腊月廿四的黄昏，烧好浴汤、泡好茶水，呼朋唤友来家里小聚。锅浴就这样成了一种农家习俗，成了一种社交形式，成了一种沐浴文化。

◎ 梅李灯会

常熟市级/民 俗

保护单位：梅李镇文化站

梅李灯会，俗称“调龙灯”，是流传于常熟梅李镇的一种民俗活动，已有百余年历史了，享有盛名。最初是在元宵节前后，孩童牵兔子灯、举彩灯嬉戏于街头，后为成人代替，愈调愈盛，三月达到高潮，故民间有“梅李调龙灯三月兴”的说法。《常熟地方小掌故·梅李龙灯》记载：“在常熟城乡的调龙灯习俗中，以东乡梅李最盛。”“悉凭好事者的一时高兴，而且东南西北四街往往同时并举，各扮各的戏名，多至二三十出，例如‘莺莺烧香’‘张生跳墙’‘凤仪亭’‘昭君出塞’等等。前导洋灯，灯分四节，但因各街都有巷门，洋灯高达六七丈。经过巷门时，必须折为四段，经过后，仍连

缀为一。灯上扎有‘聚宝盆’‘五福盘寿’‘双鱼吉庆’‘鸳鸯戏水’等花色，中间还缀以‘万寿无疆’等字句，最上一层为‘平升三级’，五花八门，各尽其妙。还依照通过各街先后，分为头棚、二棚、末棚，事前决定，不得争先。当时东街的‘严大龙’、南街的‘白龙’、西街‘青龙’、北街‘老龙’最为有名。龙身染以彩色，前导龙珠，执掌每节龙身的人，对掉舞技术都很熟练。到了二月底或三月初，各街主事的人商定‘拖龙梢’日期后，龙灯才始停止。”

其内容充满生活气息，通俗易懂；其形式直截了当，充满地方人文色彩，能让人直接感受到来自民间能工巧匠们的聪明才智。前来参加梅李灯会的不仅有本镇的民众，还有大批来自周边乡镇的百姓。据《梅李镇志》记载：梅李灯会，盛极一时，万人空巷，观者塞途，常熟城区及各乡镇不少人都雇船或摇船来看灯。梅塘通海桥至新桥河面，都停满船只。具有地方特色的大众文化正是在这种热闹纷繁的民俗活动中，得到了普及与流传。梅李灯会在中华人民共和国成立前后极盛，每年调龙灯，东南西北街商铺、富户备了烟茶、蜡烛和鞭炮等物，分批“犒赏”，名曰“接龙”。四街各有主持者，挨户募捐，凑集巨资，加入戏名台阁，各扮各的，互相竞争。自 20 世纪 80 年代起，梅李镇每年春节都要组织梅李灯会；2000 年以后，每年利用暑假开办灯艺制作培训班。

◎茶担

常熟市级/民俗

保护单位：虞山镇文化站

常熟地处江南水乡，有着三千多年的文明史。这里山清水秀，物华天宝，百姓安居乐业。在常熟，民间婚丧嫁娶时，有专司茶水、流动为客人服务的行业——茶担。常熟茶担源于何时，无从考证。但据茶担艺人口头相传，可谓源远流长。常熟城乡多茶担，目前有数十家，主要集中在市区城郊，最为正统的当数徐家茶担，以徐荣铭为代表性人物，传承至今已有四代，其服务地域已拓展到张家港、昆山、苏州吴中区等地，有一定的影响力和知名度。

常熟茶担看起来比较简单，但有关饮茶服务的设备却很周全。一挑担子，两头是木橱。橱子中大茶壶、盖杯等器具一应俱全。谁家有事叫喊，茶担师傅挑着担子就奔顾主家，展开其独特服务。

常熟茶担一般摆在事主家大门里侧，客人一迈进大门，茶担师傅就会递过

来一条热乎乎的毛巾，供客人擦汗；接着便是敬茶，有的还代主人敬烟，热情周到。不管来客多少，茶担师傅都要替代主人把每位客人招待好。即使饮茶漫谈的客人很多，但如有哪一位客人需要添茶水，茶担师傅都会及时地一边为客人掀起茶盖，一边手提大壶为其加上滚水，服务是无微不至的。

在漫长的岁月里，常熟茶担从内容到形式不断发展提高，已具有了迎送宾客、主持仪式、负责铺陈等多项服务功能，并成为统揽喜事全程的司仪主角，形成了独特的茶担文化。这主要体现在茶担师傅要主持完成“种红堂子、吃跳板茶、拜堂、布置‘谒礼’场面、吃‘花筵’、婚宴说唱、祭先祖”七项传统礼仪，这其中所蕴含的丰富内涵在研究民族学、民俗学、社会学、人类学、语言学及地方历史等方面具有重要价值。

当今，常熟的徐家茶担顺应时代潮流，在继承上述七项传统礼仪的基础上传承发展，在铺陈、做工、说唱方面去芜存精，推陈出新，不断满足人们日益增长的精神文化需求。其中的说唱词经徐家茶担担主徐荣铭改编后，内容丰富多彩，有大量紧扣时代脉搏，取材于当今新事物、新生活的新词汇，融思想性、知识性、艺术性、趣味性于一体。徐荣铭的说唱，妙趣横生，不仅调动了宾客的情绪，渲染了喜庆的氛围，而且起到了一定的教育作用，深受广大群众的喜爱和欢迎。

◎ 支塘道教法会

常熟市级／民　俗
保护单位：支塘镇文化站

支塘镇道教文化源远流长。旧时，支塘境内道教活动场所有20多处，尤以城隍庙、瑞真道院最为著名，还一度统管东乡诸庙，如徐市岳庙、古里湖口庙等。历史上，支塘出现了许多擅做法会的道士，如《重修常昭合志》记载清康熙年间支塘瑞真道院著名法师钱金玉职授天师府赞教司，以擅于做法事而闻名。钱金玉门徒众多，尤以姚祖武最为著名。姚祖武继承了钱金玉的衣钵，擅做法事，后去真人府修行，被授真人府知事厅。《常熟乡镇旧志集成·支溪小志》载：姚祖武三十六岁时，与真人前往京师修国醮，闻名一时。

清末，瑞真道院与左侧旁的城隍庙合二为一，由正行法师胡凤元掌管。20世纪20年代，胡凤元常被请到上海去主持法会。20世纪30年代，胡凤元的高徒钱伟清法师成为城隍庙、瑞真道院住持，城隍庙、瑞真道院香火达到鼎盛。钱伟清道家功底十分深厚，能够轻松自如地驾驭各类大型法会，又擅长昆

曲、演奏敲打各类乐器。同时代支塘老人回忆：大法师擅用大锣，每一下都能恰到好处地击在点子上；又擅拉二胡，技巧极其娴熟，琴声婉转动听。《上海宗教志·道教·道士》记载：“民国32年，上海特别市道教会在清虚观举行‘祈祷世界和平法会’，当时各客帮道士均参加。常熟帮的法事，由常熟支塘城隍庙住持钱伟清主持。法事还进行评比，常熟帮得第一名。”

支塘西门“世寿堂”姚氏道士本事也不小，常主持法会。姚家始祖姚即征于清咸丰元年（1851）带领全家从无锡到常熟支塘西门外婆家曹氏落户。姚即征为无锡惠山正一道士。姚氏道士，共有四支：总根在西门，民间谓之西姚，以姚即征为首；南街即南姚，后传至姚伯华，现无传人；东街即东姚，传姚其德，现无传人；北街（苏家堰）即北姚，后传姚宝元，现无传人。唯西姚，现传人为姚文岳、沈培峰，是西门“世寿堂”第五代传人。在人们印象中，二十世纪八九十年代的姚家道士个个身怀绝技：如姚惠先的耍铙钹，姚泰林的吹招军号，姚文卿的奏丝竹、唱曲子，沈嘉宾（人称东乡笛王）的吹笛子，等等。

近年来，乡间请火居道士做法会之事渐多。源于城隍庙、瑞真道院一系的支塘西门“世寿堂”姚氏道士，又纷纷做起了老本行，参与或主持各类法会。

北庄寺庙会

常熟市级／民　俗

保护单位：辛庄镇文化站

北庄寺在常熟市辛庄镇北，位于辛庄合泰村。合泰村与虞山东青村毗邻，东与沙家浜接壤，南临华欣村，西靠新227省道，距苏州绕城高速北入口仅4公里。

北庄寺始建于明末清初，距今已有300余年历史，历来香火旺盛，为各界善男信女虔诚礼佛之地。中华人民共和国成立以后，北庄村虽历经“大跃进”“文革”，几起几落，但香火不衰。1995年11月，经常熟市人民政府、市宗教局批准，重建颇有规模的北庄寺，并被定为辛庄镇唯一的佛教活动场所。

北庄寺庙会有两个：

1. 好春光庙会：农历三月二十七、三月二十八两天。二十八那天是正日，是城隍寄爷的婚礼日，信徒用抬台阁和暖轿来纪念。

2. 金秋庙会：农历七月十九、七月二十两天。七月二十是正日，是城隍寄爷的生日，信徒用舞龙船（划龙船）来纪念。

其出会行序：先是花脸花衣、肩扛钢叉开路司开道；接着是高举红绿彩旗的旗队，挨次是太保轿、扛头、台阁、踩高跷、臂锣、臂香案狮子、花担队、莲花队；然后大小钖锣队看马、看轿等一一过去；结束时一队头戴红笠帽、手持竹片的差役过来，嘴里吆喝着，后面是扛着“肃静”“回避”行牌的差役；最后神像老爷抬过。

佛教活动：三月二十八日上午，举行菩萨巡游祭奠仪式。巡游时龙旗队、彩旗队、鸣炮手、锣鼓队、行牌队、衙役队等前呼后拥，队伍浩浩荡荡，延绵一里多路，在集镇及周边农村巡游，至午后方结束回庙。道路两旁，观众无数，人山人海，热闹非凡。

北庄寺庙会保留了许多民间艺术、体育竞技项目等，传承着各种传统表演艺术形式，具有深刻的历史、文化、艺术、社会学、民俗学等价值，也为研究地方史和宗教史提供了重要参考资料。在其发展过程中，还产生了传说故事、谚语等文学作品，说明了北庄寺庙会在当地民众生活中的重要作用，又体现了它的影响力和辐射力。

近年来，参加庙会活动的人员越来越多，除本地人员之外，还有来自无锡、昆山、太仓等地的大批民众，也有从上海郊区来的香客，人员可达几千甚至数万，盛况空前。

后记

历史悠久与昌盛的常熟文化给我们留下了多姿多彩的非物质文化遗产。拂去沧桑岁月的尘埃，当我们集中审视这些历经了千百年积淀和传承的非物质文化遗产，我们不得不感叹先民们的勤劳、智慧和对生活的乐观态度，感叹常熟生生不息的历史流变和文采风流。从这些丰富的文化符号中，我们能够清晰地触摸到这座江南名城的历史脉络和祖祖辈辈生活、居住于此的常熟人所共同形成的文化心态和审美心理。其独特的价值主要体现在以下三个方面。

其一，印证历史文化之价值。

常熟作为国家历史文化名城，历代变迁沿革，史册俨然。境内谢桥、莫城、张桥、练塘等地都曾出土过新石器时代的遗址。考古发掘和现存的众多文物遗迹，都证明了常熟历史之悠远灿烂。而通过非物质文化遗产整理研究，我们同样可以发现一条清晰的“文化历史轴”。如民间文学项目白茆山歌中关于张良教唱山歌的描述，虞山剑门、尚湖、问村等地的传说故事，以及古琴、篆刻、微雕等传统音乐、美术项目上的传承谱系，都可以印证常熟历史与文化的久远和繁荣。

其二，彰显地域文化之价值。

常熟地处江南水乡，多雨潮湿，四季分明，长江三角洲冲积平原的肥沃土地造就了当地百姓富裕安定的生活环境和相对满足的小农心理。农耕文化与水乡特色相互交织，构成了常熟非物质文化遗产项目的另一特质。例如民间文学项目中的白茆山歌，很大一部分内容就是表现江南农村田间劳作的场景。“燕子飞来郎下秧，鸽登飞来姐拔秧，白鹞飞来郎上岸，野鸭飞来稻上场”，“莳秧要唱莳秧歌，两脚弯弯泥里拖，背朝蓝天面朝泥，双手交叉莳六棵”，还有《耥稻歌》《斫稻歌》《车水歌》《积肥歌》等，无不生动地体现了农事劳动在百姓生活中的重要地位。与《诗经·豳风·七月》之类的古老诗歌一样，这些农耕山歌成为吴歌一大分支，并传唱至今。此外，常熟濒临长江，北部的浒浦等地港口条件优良，交通便利，从来便是连通苏南苏北的要冲。两地百姓相互交往融合，因此才会产生诸如浒浦花鼓、童子开刀等传统舞蹈项目。这些民间表演形式往往兼具苏南之柔媚与苏北之豪放，对研究当地历史上的交通、渔业、人口迁移等具有重要的参考价值。而兴盛于沙家浜等地的水乡婚俗、水乡服饰，湖甸、尚湖、沙家浜、旺桥等地的龙舟赛等活动项目，传统技艺中的江南包袱锦彩绘和支塘油纸伞、古船制作等，也从各个不同侧面彰显出常熟地处水网密布地区，潮湿多雨，陆舟各半的地域风貌。

其三，展现独特人文之价值。

第一，三教圆融的和谐思想。儒释道三教的互斥和融合，是整部中国古代历史的思想主线。而在非物质文化遗产项目中所体现出来的常熟本土文化，正可以说是三教圆融精神的典型代表，其突出表现在常熟的“孝文化”上。所谓“孝”，最早是儒家提倡的社会思想，是孔子最核心的“亲亲”观念的伦理基础。在白茆山歌和诸多民间传说中，都有关于孝道的故事，尤其是常熟梅李的地方传说，著名的“二十四孝”中有三孝出自这里，足见孝文化在常熟人心目中的地位之高。但是常熟的孝文化又不仅仅局限于儒家的伦理范畴内，它添加了佛道两家所特有的因果色彩。我们看到，民间文学项目中的宝卷颂读和传统音乐项目中的道教音乐，使敬畏先人的孝道被浓厚的道家仪式所包装；民俗项目中的虞山三月三拜香活动，也在结合了藏海寺玉林国师还山建塔葬母的故事后形成“报娘恩”的特殊习俗，体现出佛教与当地孝文化的一种结合。其余如福山庙会、北庄寺庙会等民俗活动，也同样体现出三教和谐统一的特征。

第二，崇文重教的好学之风。常熟文明的曙光在远古的新石器时代就已经显现。在春秋时代，孔门十哲之一的言偃文开吴会、道启东南之后，常熟的崇文重教之风勃然而兴，至今不衰。自隋唐开科取士以来，常熟籍进士有483位，状元8位。历代文人不仅著述繁多，成就斐然，同时在琴棋书画、诗词戏曲、治印藏书等方面卓有成就，遂在今天的诸多非物质文化遗产项目中得到展现。如民间文学项目中的虞山诗派兴盛于明末清初，其领袖钱谦益执掌文坛数十载；传统音乐项目中的国家级非物质文化遗产——虞山琴派古琴艺术，自严天池创立以来历经400年而不衰，被后人称为“古音正宗”；传统戏剧项目中的锡剧，继承了自明清以来常熟戏剧创作和演出的兴盛局面；传统美术项目中的虞山派篆刻艺术，作为文人书画创作的一个重要组成部分，不拘古意，别开生面，名家辈出，影响深远；虞山画派，自“元四家”之首的黄公望独创中国山水画浅绛、水墨两格，声名显赫；康熙年间的王翚主持《康熙南巡图》绘制，得“画圣”之称，引领了当时画坛风气。此外，传统技艺中的装裱技艺，也凸显出常熟在文化艺术教育方面的深厚与博大。

第三，悠闲富足的精致生活。宋人杨备《题常熟县》诗中有“岁岁加收常熟田”之句，以此来形容常熟的富足与安定。常熟自古便是鱼米兴旺之地。北宋南渡后，历朝历代对江南不断开发，江南的工商贸易在明清之际达到高峰，故常熟人在生活方面较少受到饥馁之苦。这使得百姓悠闲富足的生活得以实现，于是或歌咏猜谜，或“堂名”奏唱，或戏曲评弹，或园艺雕刻，或龙狮乐舞，或灯会赛舟，乃至小吃名点、医药秘方，无不展现出常熟百姓在精神文化生活方面的追求和精彩，其中的很多项目风气一开，蔚然成习，最终演变成如今的非物质文化遗产项目。

例如白茆、石湾、古里等地的山歌，海虞、徐市等地的谜语，都是老百姓在劳作生活之中调剂情绪、陶冶情操的民间文学奇葩；辛庄“堂名”，是明代产生的昆曲表演在民间普及过程中的演变形式，具有独特的形式和魅力；常熟红木雕刻、虞山微雕、宝岩石雕、常熟花边等，则体现了常熟能工巧匠精湛的传统手工技艺，把当地百姓的生活点缀得更加富有诗意；其他如常熟滚灯、童子开刀等传统舞蹈，上鹞灯、湖甸龙舟会、梅李灯会、尚湖锅浴、茶担等民俗项目，以及包括常熟叫化鸡、马咏斋熏腊产品、王四桂花酒、鸭血糯、常熟羊肉、梅李饭粢糕、山前豆腐干、七峰碧螺春、石梅盘香饼、常熟冰葫芦、杨园熟食等传统食品制作技艺和裴氏儿科、薛鹏飞麝香埋藏疗法、张氏烫伤膏等传统疗法与医药，都体现了常熟百姓丰富的文化生活和良好的生活质量。

《常熟非物质文化遗产名录图典》是以图文的形式展示常熟非物质文化遗产名录项目的工具书，主要内容是目前已公布的常熟市级以上非物质文化遗产保护项目的简介和图片。我们按国家级、江苏省级、苏州市级和常熟市级进行级别分类，然后再按国家非物质文化遗产名录规范分类进行排序，每个录入的非物质文化遗产项目以迄今公布的最高级别为准，不重复介绍。在充分考虑到我市非物质遗产项目的多样性、区域性、关联性等特点的基础上，部分项目我们进行了归纳合并，如羊肉制作、木杆秤制作等。我们认为项目简介主要体现以下内容：项目名称（俗称、别称、归属、定位）、历史沿革、流布区域、呈现形态（包括代表性传承人）、价值评估（历史、文化、科学等）、濒危状况和导致濒危的直接原因以及保护措施等；选配的图片，应具有说明该项目的典型性。

《常熟非物质文化遗产名录图典》中所有项目的简介和图片的原始资料主要来源于历年全市各镇（街道）及相关单位和团体各级各类整理上报的项目申报书。为尊重历史，目录中排列的项目名称及保护单位，我们仍以历年公布的文件命名为准。

为了达到科学性和规范性的要求，从2017年上半年开始，我们组织常熟市非物质文化遗产保护中心对名录简介进行了修订工作，下半年用了3个多月时间，对所有图片进行反复甄选和完善，有的甚至重新拍摄，最终才得以完成。经过艰辛努力，包含6万余字和600余幅图片的《常熟非物质文化遗产名录图典》即将付梓。在此，我们诚挚地感谢所有参与名录申报的单位和个人，感谢他们为常熟非物质文化遗产名录的诞生和《常熟非物质文化遗产名录图典》的出版做出的贡献。

在《常熟非物质文化遗产名录图典》的编辑过程中，我们也得到了常熟艺风广告和苏州古吴轩出版社的大力协助，在此一并致谢！

编者

2017 年 11 月 20 日